74

Heinrich Tessenow, living room/ woonkamer *Schaffnerwohnungen*, Trier, 1907

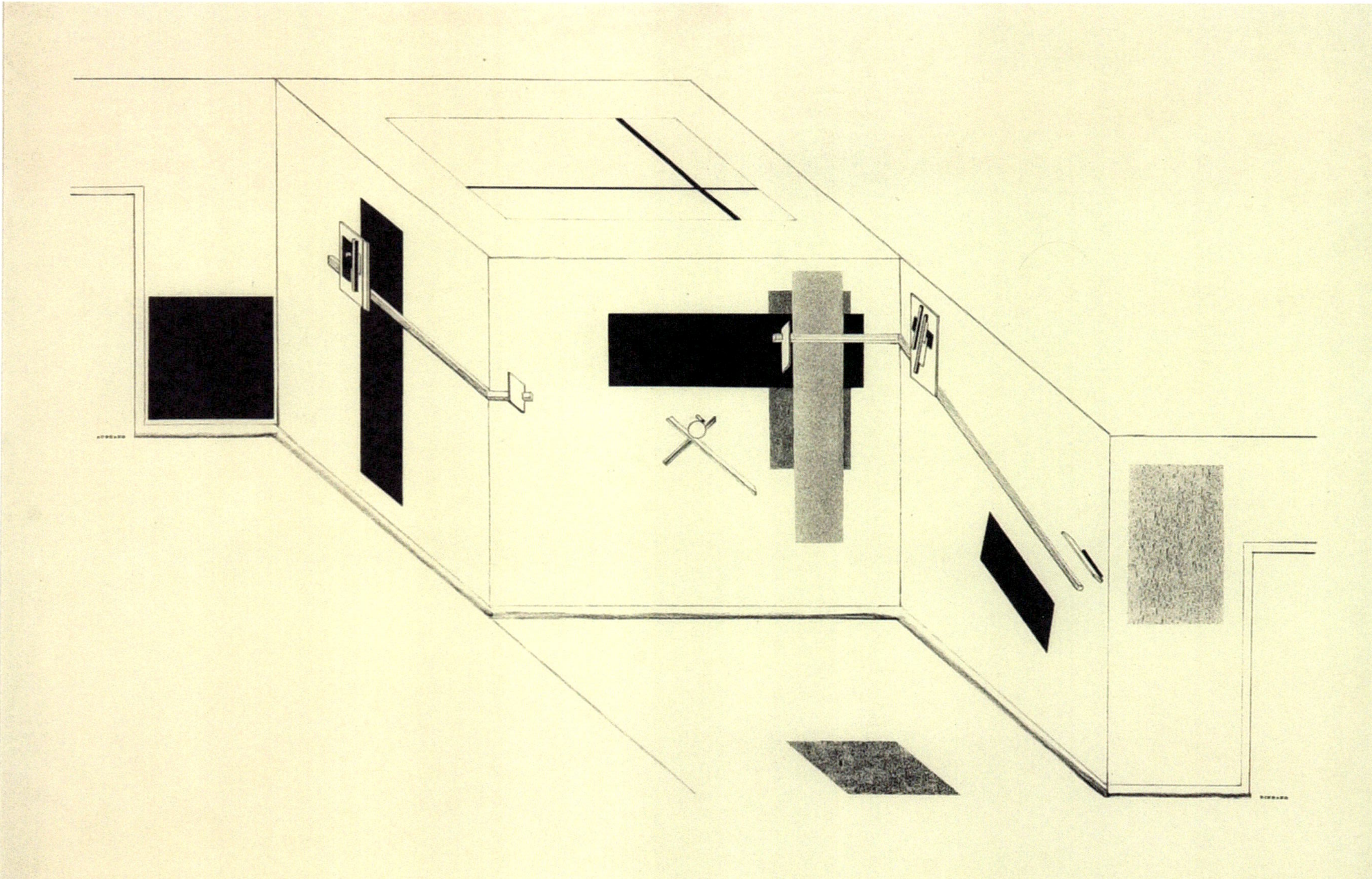

El Lissitzky, *Prounenraum*, litho, 1923

El Lissitzky, ***Proun 1***, **Kestner-Mappe 1, 1923**

Lina Bo Bardi, illustration of gardens/ illustratie van de tuinen, 1940

il giardino esotico
il ruscello
il giardino nel giardino
la collina
Scavi
ΗΣΙΟΔΟΣ
ΔΙΟΥ
ΑΣΚΡΑΙΟΣ

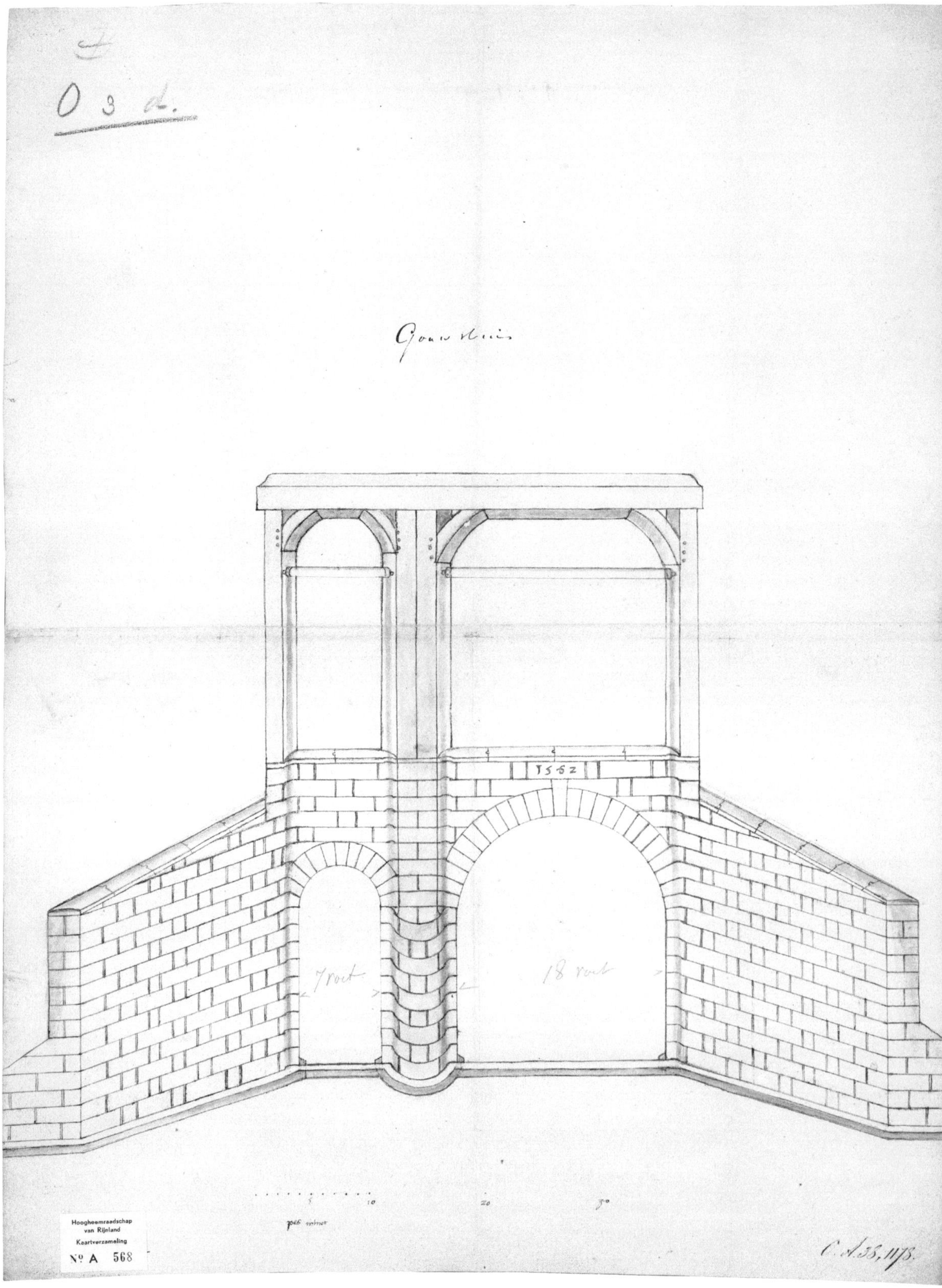

Cornelis Fredericksz van Montfoort (?), elevation (left) and floorplan (right) of the Gouwesluis near Alphen a/d Rijn/
opstand (links) en plattegrond (rechts) van de Gouwesluis bij Alphen a/d Rijn, 1562

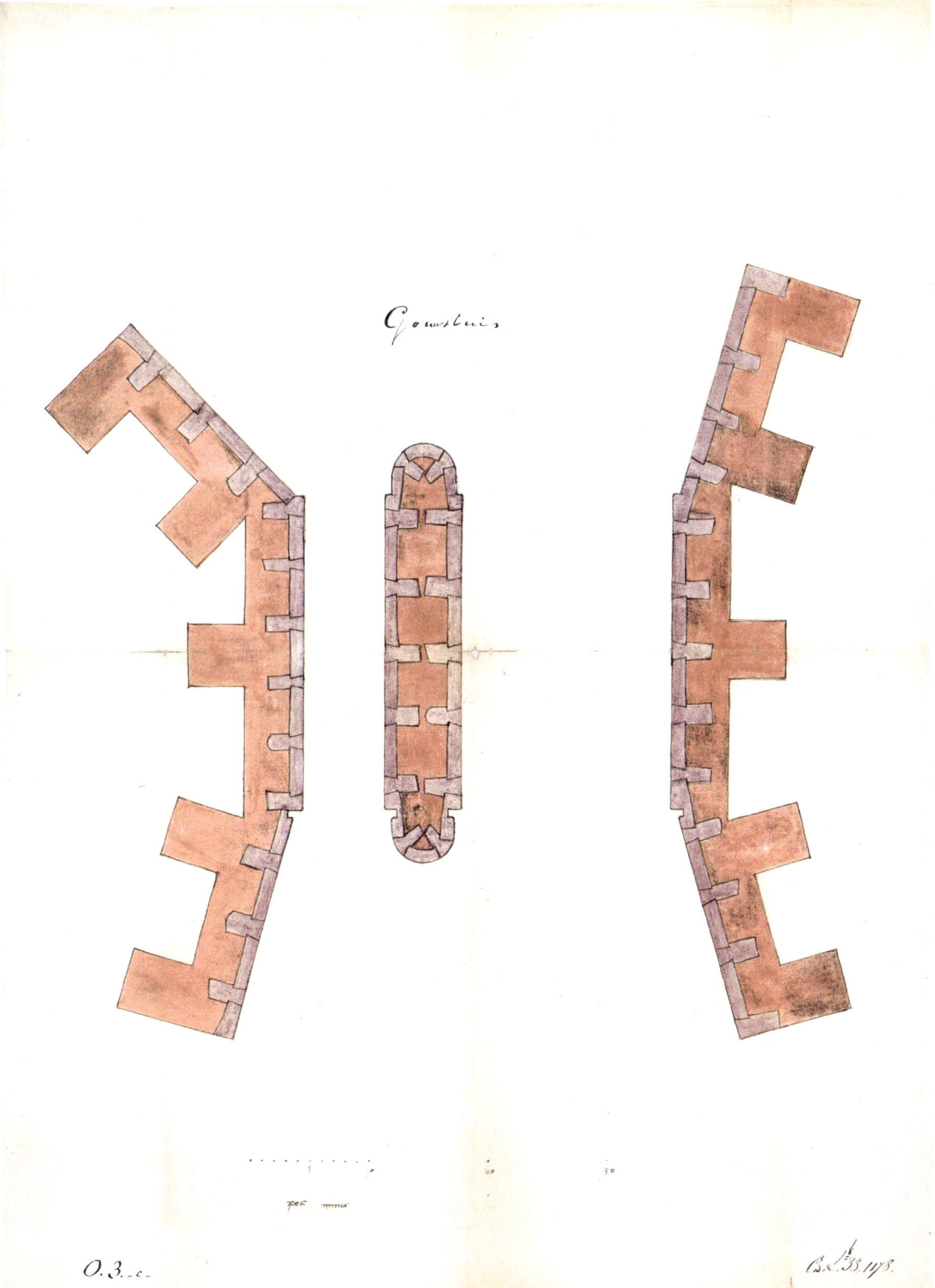
Gouwsluis

George Aitchison, design for the interior decoration of the Morning Room/
ontwerp voor de interieurdecoratie van de *morning room*, 9 Chesterfield Gardens #1, Mayfair, 1881

Tony Fretton, CAD drawing/ CAD-tekening, Building with Two Apartments, Groningen, 2001

Bart Decroos, Véronique Patteeuw, Aslı Çiçek, Jantje Engels

The Drawing as a Practice

In 1993, *OASE* published its 36th issue, titled 'Over de architectuurtekening' (On the architectural drawing). The issue opens with the Dutch translation of a speech by Italian architecture historian Francesco Dal Co, given in 1992 at the opening of the exhibition 'De Ruimte Verruimd' (Space extended) in the Kröller-Müller Museum, showcasing drawings by Ben van Berkel, Coop Himmelb(l)au, Zaha Hadid, Herzog & de Meuron, Aldo Rossi and Peter Wilson, among others.[1] In his speech, Dal Co makes a distinction between the modern and the contemporary architectural drawing. Using the example of Brunelleschi, Dal Co proposes a definition of the modern architectural drawing resulting from the drawing practices that had largely developed in the Renaissance. These practices of drawing, he argues, were a means to discover universal truth, by taking the measure of things, tracing their proportions and formulating the numbers they are ruled by, in order to understand the underlying order of the classical universe. In contrast, Dal Co traces a second and different conception of the architectural drawing, which he describes as contemporary, from the beginning of the nineteenth century through the École des Beaux-Arts over twentieth-century modernist architecture all the way to the postmodernist drawings presented in the 1992 exhibition. The contemporary architectural drawing, he argues, is related to the idea of the new, of being new, of producing something new, in which the notion of beauty is equated with an idea of the new that endlessly changes and varies: 'On the one hand, architecture is something that is able to find truth; on the other, it is something that produces objects meant for consumption, simply because they are new.'[2]

The aesthetic difference between both types of architectural drawing is significant in this regard. While the contemporary architectural drawing seems to confuse drawing with painting, aimed at producing aesthetically new images to be appreciated on their own, the modern architectural drawing exhibits a 'horrible' quality, since it is merely a carrier of classical truths. As such, Dal Co criticises our contemporary habit of exhibiting and publishing drawings, which he sees as the:

> . . . complete idiotic attitude of our era towards drawings, an attitude we invariably find in the magazines, where, since it is in fashion to reproduce and print images, numerous pages are dedicated to drawings by architects, with the intellectual justification that they are autonomous.[3]

Paradoxically, he notes, the claim for autonomy pushes architecture into the domain of painting, precisely undermining the specificity of architectural drawings as an instrument within the design process. In his closing statement, Dal Co describes the drawings shown in the exhibition as an expression of a certain kind of doubt, even fear,

1 Francesco Dal Co, 'De moderne en eigentijdse architectuurtekening', *OASE* 36 (1993), 3-10.

2 Ibid., 4.

3 Ibid., 5.

Bart Decroos, Véronique Patteeuw, Aslı Çiçek, Jantje Engels

De tekening als praktijk

In 1993 publiceerde *OASE* zijn 36e nummer, getiteld 'Over de architectuurtekening'. Het nummer opent met de Nederlandse vertaling van een toespraak van de Italiaanse architectuurhistoricus Francesco Dal Co, die in 1992 werd gehouden bij de opening van de tentoonstelling 'De Ruimte Verruimd' in het Kröller-Müller Museum in Otterlo, met tekeningen van onder meer Ben van Berkel, Coop Himmelb(l)au, Zaha Hadid, Herzog & de Meuron, Aldo Rossi en Peter Wilson.[1] In zijn toespraak maakt Dal Co onderscheid tussen de 'moderne' architectuurtekening en de 'eigentijdse' tekening. Met Brunelleschi als voorbeeld stelt Dal Co een definitie op voor de moderne architectuurtekening, als het resultaat van de tekenpraktijken die zich grotendeels in de Renaissance hadden ontwikkeld. Deze tekeningen, stelt hij, waren een middel om een universele waarheid te ontdekken, door de maat van de dingen te nemen, hun verhoudingen te vatten en de getallen te formuleren waardoor ze worden bepaald, om zo de onderliggende orde van het klassieke universum te begrijpen. Dal Co situeert daartegenover een tweede en andere opvatting van de architectuurtekening, die hij als eigentijds beschrijft en traceert vanaf het begin van de negentiende eeuw via de École des Beaux-Arts en de twintigste-eeuwse modernistische architectuur tot aan de postmodernistische tekeningen die op de tentoonstelling van 1992 werden getoond. De eigentijdse architectuurtekening, zo stelt hij, heeft te maken met het idee van het nieuwe, van het nieuw zijn, van het produceren van iets nieuws, waarbij het begrip schoonheid wordt gelijkgesteld aan een idee van het nieuwe, dat eindeloos verandert en varieert: 'Aan de ene kant is architectuur iets dat in staat is om waarheid te vinden; aan de andere kant is ze iets dat objecten produceert die bestemd zijn om te worden geconsumeerd, eenvoudigweg omdat ze nieuw zijn.'[2]

Het esthetische verschil tussen beide typen architectuurtekening is in dit opzicht veelzeggend. Terwijl de eigentijdse architectuurtekening het tekenen lijkt te verwarren met schilderen, gericht op het produceren van esthetisch nieuwe beelden die op zichzelf gewaardeerd moeten worden, vertoont de moderne architectuurtekening een 'vreselijke' kwaliteit, omdat ze slechts een drager is van klassieke waarheden. Als zodanig bekritiseert Dal Co onze hedendaagse gewoonte om tekeningen te exposeren en te publiceren, wat hij ziet als de:

> (...) volstrekt idiote houding van ons tijdperk tegenover tekeningen, een houding die we voortdurend kunnen aantreffen in de tijdschriften waarin men, aangezien het mode is beelden te reproduceren en af te drukken, meent vele pagina's te moeten wijden aan tekeningen van architecten, met als intellectuele rechtvaardiging dat zij autonoom zijn.[3]

Paradoxaal genoeg, merkt hij op, duwt de aanspraak op autonomie de architectuur het domein van de schilderkunst binnen, waardoor de specificiteit van architectuurtekeningen als instrument binnen het ontwerpproces juist wordt ondermijnd. In zijn slotverklaring beschrijft Dal Co de in de tentoonstelling getoonde tekeningen als een uiting van een zekere

1
Francesco Dal Co, 'De moderne en eigentijdse architectuurtekening', *OASE* 36 (1993), 3-10.
2
Ibid., 4.
3
Ibid., 5.

for the moment that the drawings might become built architecture. The claim for autonomy is an attempt to postpone this moment, he states, to introduce a gap that is as wide as possible between the drawing table and the construction site, preventing the drawing from being realised.

From Autonomy to Mediation

Dal Co's analysis of the contemporary architectural drawing responds to the specific conditions in which late-twentieth-century architecture found itself. Much of the discourse on architectural drawings had been defined by the notion of autonomy. Exemplified in the work of figures such as Zaha Hadid, Bernard Tschumi or Daniel Libeskind, whose early practices speak, during the 1970s and 1980s, to a shift in understanding architectural drawings where it became widely understood that drawings had value in themselves, beyond their projective qualities. Exemplary for this moment is the much-quoted statement by architecture historian Robin Evans, in the catalogue for the 1989 exhibition 'Architecture and Its Image' at the newly opened building of the Canadian Centre for Architecture in Montréal: 'Architects do not make buildings; they make drawings of buildings.'[4] Taken at face value, this statement seems to affirm the disconnection between drawing and building, but at the same time much of Evans's work was concerned precisely with grasping the relation between the drawing and the building, affirming the drawing's importance as a necessary prerequisite for building. Instead of placing architectural drawings in the realm of the visual arts – and considering them as consumable images, as Dal Co criticised – Evans was interested in the relation between the practices of drawing within the design process and their built outcome. As he writes in his essay 'Translations from Drawing to Building':

> We have witnessed, over the past fifteen years, what we think of as a rediscovery of the architectural drawing. This rediscovery has made drawings more consumable, but this consumability has most often been achieved by redefining their representational role as similar to that of early twentieth-century paintings, in the sense of being less concerned with their relation to what they represent than with their own constitution.[5]

In this essay, Evans departs from the simple but fundamental observation that architects never work directly with the object of their thought, but always necessarily use an intervening medium, the drawing, while painters and sculptors, who might use preliminary sketches in their preparation, always end up working on the thing itself. From this observation, Evans questions the power of the drawing as a medium for translation, between design and building, arguing how this mediation inevitably distorts and transforms the initial design, as also happens in the translation between languages: 'Yet the substratum across which the sense of words is translated from language to language does not appear to have the requisite of evenness and continuity; things get bent, broken or lost on the way.'[6] Similarly, the translation from drawing to building bends and breaks the design, and the question becomes how the instruments

4
Robin Evans, 'Architectural Projection', in: Eve Blau and Edward Kaufman (eds.), *Architecture and Its Image: Four Centuries of Architectural Representation* (Cambridge, MA: MIT Press, 1989), 369.

5
Robin Evans, 'Translations from Drawing to Building', in: Robin Evans, *Translations from Drawing to Building and other Essays* (London: AA Publications, 1997), 153-194:160.

6
Ibid., 154.

twijfel, zelfs angst, voor het moment dat de tekeningen gebouwde architectuur zouden kunnen worden. De aanspraak op autonomie is een poging om dit moment uit te stellen, stelt hij, om een zo groot mogelijke kloof te creëren tussen de tekentafel en de bouwplaats, om te verhinderen dat de tekening zal worden gerealiseerd.

Van autonomie naar bemiddeling

Dal Co's analyse van de eigentijdse architectuurtekening weerspiegelt de specifieke omstandigheden waarin de laat-twintigste-eeuwse architectuur zich bevond. Een groot deel van het discours over architectuurtekeningen werd bepaald door het begrip autonomie. Het vroege werk van figuren als Zaha Hadid, Bernard Tschumi of Daniel Libeskind uit de jaren 1970 en 1980, zijn een uitdrukking van dit veranderende statuut van de architectuurtekening, waarbij tekeningen over het algemeen als van zichzelf waardevol werden beschouwd – voorbij hun projectieve capaciteiten. Een voorbeeld hiervan is de veel geciteerde uitspraak van architectuurhistoricus Robin Evans, gepubliceerd in de catalogus voor de tentoonstelling 'Architecture and its Image' in 1989 in het nieuw geopende gebouw van het Canadian Centre for Architecture in Montréal: 'Architecten maken geen gebouwen; ze maken tekeningen van gebouwen.'[4] Op het eerste gezicht lijkt deze uitspraak de ontkoppeling tussen tekening en gebouw te bevestigen, maar tegelijkertijd was veel van Evans' werk juist gericht op het begrijpen van de relatie tussen tekening en gebouw, waarbij het belang van de tekening als een noodzakelijke voorwaarde voor het bouwen werd onderstreept. In plaats van de architectuurtekening binnen het domein van de beeldende kunst te situeren – en ze te beschouwen als beelden voor consumptie, zoals Dal Co dit bekritiseerde – was Evans geïnteresseerd in de relatie tussen de tekenpraktijken binnen het ontwerpproces en hun gebouwde resultaat. Zoals hij schrijft in zijn essay 'Translations from Drawing to Building':

> We zijn de afgelopen vijftien jaar getuige geweest van een zogenaamde herontdekking van de architectuurtekening. Deze herontdekking heeft tekeningen meer consumeerbaar gemaakt, maar deze consumeerbaarheid werd meestal bereikt door hun representatieve rol te herdefiniëren als vergelijkbaar met die van de vroeg twintigste-eeuwse schilderkunst, met minder aandacht voor hun relatie tot wat ze voorstellen dan voor hun eigen constitutie.[5]

In dit essay gaat Evans uit van de eenvoudige, maar fundamentele vaststelling dat architecten nooit rechtstreeks met het object van hun denken werken, maar altijd noodzakelijkerwijs een tussenliggend medium, de tekening, gebruiken, terwijl schilders en beeldhouwers, die in hun voorbereiding wellicht ook gebruik maken van schetsen, uiteindelijk altijd met het werk zelf in aanraking komen. Vanuit deze vaststelling bediscussieert Evans de kracht van de tekening als een middel voor vertaling, tussen ontwerp en gebouw, waarbij hij stelt dat deze bemiddeling het oorspronkelijke ontwerp onvermijdelijk vervormt en transformeert, zoals ook gebeurt bij de vertaling tussen verschillende talen: 'Toch lijkt het substraat waarlangs de betekenis van woorden van taal naar taal wordt vertaald niet de veronderstelde gelijkmatigheid en continuïteit te hebben; dingen worden onderweg verbogen, gebroken of gaan verloren.'[6] Ook de vertaling van tekening naar gebouw buigt en breekt het ontwerp, en de vraag is hoe de instrumenten en technieken die gebruikt worden om te

4
Robin Evans, 'Architectural Projection', in: Eve Blau en Edward Kaufman (red.), *Architecture and Its Image: Four Centuries of Architectural Representation* (Cambridge, MA: MIT Press, 1989) 369. Vertaling door Bart Decroos.

5
Robin Evans, 'Translations from Drawing to Building', in: Robin Evans, *Translations from Drawing to Building and other Essays* (Londen: AA Publications, 1997) 153-194: 160. Vertaling door Bart Decroos.

6
Ibid., 154.

and techniques used for drawing direct these transformations. The tendency to think architecture as an attempt at maximum preservation in which both meaning and likeness are transported from idea through drawing to building with minimum loss, is what Evans calls the 'doctrine of essentialism', implying a passive and neutral instrumentality. Instead, Evans calls on us to reconsider the 'agency' of the drawing as a productive actor within the design process, exploiting the gap between drawing and building rather than ignoring it, or perhaps worse, detaching both terms from each other altogether. Evans closes his essay with the note that it would be possible to write a history of Western architecture that would have little to do with either style or signification, and would instead focus on the manner of working: on the instruments and techniques that have been used for drawing, and how their limitations and affordances define the production of architecture through their mediating role. As such, the history of architecture could be expanded to include the material history of its design processes, a project Evans would develop in his later work and that points towards possible directions for such a historiography.[7]

Between Mental Space and Materiality

This issue of *OASE* takes Evans's call to investigate the gap between drawing and building as its main starting point. Concerned with the relation between the instruments and techniques of drawing and the architectural qualities of the built environment, this issue invited ten authors to reflect on a specific drawing and to investigate its mediating role between design and building. The contributions are situated within a tension between, on the one hand, the drawing as a mental space, in which the ideas of the architect are translated and developed through specific modes of drawing, and, on the other, the drawing as technique, in which the materiality of the drawing seems to shape the design process itself. If the drawing proposes a free space for the construction of architectural thought, the affordances and limitations of the specific media used direct a certain way of thinking about architecture. Likewise, innovation in media and technical instruments has given way to new kinds of design processes and forms of architectural thinking. Whereas architects have always been involved in drawing, the specific practices of drawing have changed over time, according to changing technologies of visualisation: from simple tracings on the ground to delineate the footprint of a building to markings with a stylus in the stones of a construction itself to ink and paper, drawing boards, blueprints and more contemporary practices of CAD drawing, 3D modelling and BIM software. Considering architectural drawings, their making and their materialities, several questions are addressed. How does the technique of representation enable a certain approach to architecture? How does a concise analysis of the drawing and its materiality propose an alternative historiography of architecture? And how might this enable us to rethink ideas of authorship in architecture?

Given the importance of drawings in this issue, the articles included vary in length: while longer articles offer a wider perspective on specific drawing practices as a whole, a number of shorter

7
For example, see Evans's major and final work on the role of geometry in the conception of architecture throughout history. Robin Evans, *The Projective Cast: Architecture and Its Three Geometries* (Cambridge, MA: MIT Press, 1995).

tekenen, deze transformaties bepalen. De neiging om architectuur te zien als een poging tot het maximale behoud van zowel betekenis als gelijkenis, tijdens het transport van een idee via de tekening naar het gebouw, met een minimum aan verlies, is wat Evans de 'doctrine van het essentialisme' noemt, wat een passieve en neutrale instrumentaliteit impliceert. In plaats daarvan roept Evans ons op om de 'bemiddeling' van de tekening als een productieve activiteit binnen het ontwerpproces te heroverwegen, waarbij de kloof tussen tekening en gebouw wordt omarmd in plaats van genegeerd, of erger, waardoor beide termen van elkaar worden losgekoppeld. Evans sluit zijn essay af met de opmerking dat het mogelijk moet zijn om een geschiedenis van de westerse architectuur te schrijven, die weinig te maken heeft met stijl of betekenisgeving, maar zich in plaats daarvan zou richten op de manieren van ontwerpen: op de instrumenten en technieken die worden gebruikt voor het tekenen, en hoe hun beperkingen en mogelijkheden de productie van architectuur bepalen via hun bemiddelende rol. Zo zou de architectuurgeschiedenis kunnen worden uitgebreid met de materiële geschiedenis van haar ontwerpprocessen, een project dat Evans in zijn latere werk verder zou ontwikkelen en dat een mogelijke richting uitzet voor zo'n geschiedschrijving.[7]

Tussen mentale ruimte en materialiteit

Dit nummer van *OASE* neemt deze oproep van Evans om de kloof tussen het tekenen en het bouwen te onderzoeken, als uitgangspunt. Voor dit nummer, dat zich richt op de relatie tussen de instrumenten en technieken van het tekenen en de architectonische kwaliteiten van de gebouwde omgeving, werden tien auteurs uitgenodigd om te reflecteren op een specifieke tekening en haar bemiddelende rol tussen ontwerp en gebouw te onderzoeken. De bijdragen bevinden zich in het spanningsveld tussen enerzijds de tekening als een mentale ruimte, waar de ideeën van de architect worden vertaald en ontwikkeld via specifieke tekenwijzen, en anderzijds de tekening als techniek, waar de materialiteit van de tekening het ontwerpproces zelf lijkt te beïnvloeden. Als de tekening een vrijheid biedt voor het architectonisch denken, sturen de mogelijkheden en beperkingen van haar specifieke uitingsvormen het denken over architectuur in een bepaalde richting. Daarnaast heeft de vernieuwing van de verschillende media en bijhorende technische instrumenten ruimte gemaakt voor nieuwe soorten ontwerpprocessen en andere vormen van architectonisch denken. Terwijl architecten altijd al betrokken zijn geweest bij het tekenen, zijn de specifieke praktijken van het tekenen veranderd door de komst van nieuwe visualisatietechnieken: van eenvoudige traceringen in de grond om de omtrek van een gebouw op de locatie zelf af te bakenen, tot markeringen met een stylus-pen in de bouwstenen van een constructie zelf, tot inkt en papier, tekenborden, blauwdrukken en meer hedendaagse praktijken van CAD-tekeningen, 3D-modellering en BIM-software. Aan de hand van architectuurtekeningen, het maken ervan en hun materialiteit, worden verschillende vragen behandeld. Hoe maakt de techniek van de representatie een bepaalde benadering van de architectuur mogelijk? Hoe zorgt de analyse van een bepaalde tekening en haar materialiteit voor een alternatieve historiografie van de architectuur? En hoe kan dit ons in staat stellen om ideeën over auteurschap in de architectuur te heroverwegen?

Gezien het belang van de tekening in dit nummer, variëren de artikelen in lengte: de langere stukken bieden een breder perspectief op specifieke

7
Zie bijv. Evans' grote en laatste werk over de rol van de geometrie in het bedenken van architectuur door de geschiedenis heen: Robin Evans, *The Projective Cast: Architecture and Its Three Geometries* (Cambridge, MA: MIT Press, 1995).

articles also make room to foreground a single drawing. This heterogenous collection of articles follows a thematic order, starting with contributions that focus on the relation between the drawing and the inner world of the architect's mind, and progressing towards the contributions that emphasise the relation between the technique of drawing and the conception and construction of built architecture. This thematic reading begins with the contribution by Mariabruna Fabrizi, in which she presents the surrealist drawing *Casa sul mare di Sicilia* by Lina Bo Bardi. This fantastical landscape of architectural fragments, she argues, is the externalisation of the mental process of imagination, and affords the construction of new associations between references, images and buildings.

Bart Decroos extends this argument by examining the hand-drawn plates in John Ruskin's *The Seven Lamps of Architecture*. By relating Ruskin's drawing practices to his architecture theories on the Gothic and his critiques of modern society in general, the drawings are understood as the embodiment of a specific ideological view on the world. They are not only the externalisation of a mental process, but also frame our perspective on the physical world accordingly.

In contrast, Aslı Çiçek describes how the abstracted computer drawings of Livio Vacchini embody the mental space of the architect. The floor plan for a gymnasium in Losone is nothing more than a basic composition of solids and lines and, as such, captures the rationality of Vacchini's thinking, through which the whole building can be read in the straightforward ordering of its structure.

In parallel, Jurjen Zeinstra compares four distinct hand drawings by Heinrich Tessenow, and relates their differences to a conceptual shift in his architectural production. For Zeinstra, the gradual transition from densely hatched interior scenes to plain outlines on a white surface reflects the changing qualities in Tessenow's architecture, a shift from *Stimmung* over *Abstraktion* and *Sachlichkeit* to *Gewöhnlichkeit*.

Francesco Marullo explicitly addresses the technique of drawing as a provocation for the mental space that the drawing evokes. In his contribution, Marullo examines the reverse-axonometric drawings of El Lissitzky and Josef Albers, claiming that these reversible architectural compositions resist their consumption as mere images, and instead become a project of awareness and emancipation for the observer.

The importance of the technique of drawing is further addressed by Véronique Patteeuw in her analysis of a pencil drawing for the interior wall of the church of St Peter in Klippan by Sigurd Lewerentz. The brickwork has been drawn as if the architect was doing the masonry himself: brick by brick, with a layer of mortar in between each one, and the edges of the paper cut along the curves of the structural vaults. The drawing mimics the act of building, making the construction of the eventual building a re-enactment of the drawing.

In addition, Richard Hall zooms in on Tony Fretton's 'mouse-drawings'. Produced in the 1990s and the early 2000s, these drawings are part of Fretton's exploration of digital drawing software,

tekenpraktijken, terwijl een aantal kortere stukken een enkele tekening op de voorgrond te plaatsen. Deze uiteenlopende verzameling artikelen volgt een thematische volgorde, beginnend met bijdragen die zich richten op de relatie tussen de tekening en de innerlijke wereld van de architect, om vervolgens over te gaan op de bijdragen die de nadruk leggen op de relatie tussen de tekentechniek en de conceptie en constructie van de gebouwde architectuur. Zo start deze thematische lezing met de bijdrage van Mariabruna Fabrizi, waarin zij de surrealistische tekening *Casa sul mare di Sicilia* van Lina Bo Bardi presenteert. Dit fantastische landschap van architecturale fragmenten is volgens Fabrizi de veruitwendiging van het mentale proces van de verbeelding en biedt zo de mogelijkheid om nieuwe associaties te leggen tussen referenties, beelden en gebouwen.

Bart Decroos breidt dit argument uit door de handgetekende platen in John Ruskin's *The Seven Lamps of Architecture* te onderzoeken. Door Ruskin's tekenpraktijken te relateren aan zijn architectuurtheorieën over de gotiek en zijn maatschappijkritiek in het algemeen, worden de tekeningen begrepen als de belichaming van een specifieke ideologische kijk op de wereld. Ze zijn niet alleen de veruitwendiging van een mentaal proces, maar sturen ook onze blik op de fysieke wereld.

Aslı Çiçek beschrijft daarentegen hoe de geabstraheerde computertekeningen van Livio Vacchini de mentale ruimte van de architect belichamen. De plattegrond van een sporthal in Losone is niet meer dan een basiscompositie van vlakken en lijnen, en representeert zo de rationaliteit van Vacchini's denken, waardoor het hele gebouw als de eenvoudige ordening van zijn structuur kan worden gelezen.

Parallel daaraan vergelijkt Jurjen Zeinstra vier verschillende handtekeningen van Heinrich Tessenow en relateert hij hun verschillen aan een conceptuele verschuiving in de overeenkomstige architectuurproductie. Voor Zeinstra weerspiegelt de geleidelijke overgang van donker gearceerde interieurbeelden naar abstracte lijntekeningen op een witte achtergrond de veranderende kwaliteiten in de architectuur van Tessenow: een verschuiving van *Stimmung* via *Abstraktion* en *Sachlichkeit* naar *Gewöhnlichkeit*.

Francesco Marullo stelt de techniek van het tekenen expliciet aan de orde als een provocatie voor de mentale ruimte die de tekening oproept. In zijn bijdrage onderzoekt Marullo de omgekeerd-axonometrische tekeningen van El Lissitzky en Josef Albers, waarbij hij stelt dat deze binnenstebuiten gekeerde architectonische composities zich verzetten tegen hun consumptie als louter beelden, en in plaats daarvan een project van bewustwording en emancipatie voor de toeschouwer worden.

Het belang van de techniek van de tekening wordt verder behandeld door Véronique Patteeuw in haar analyse van een potloodtekening voor de binnenmuur van de Sint-Pieterskerk in Klippan van Sigurd Lewerentz. De bakstenen werden getekend alsof de architect het metselwerk zelf uitvoerde: baksteen voor baksteen, met een laagje mortel ertussen en de randen van het papier uitgesneden volgens de rondingen van de gewelven. De tekening bootst de handeling van het bouwen na, waardoor de constructie van het uiteindelijke gebouw een hernieuwde uitvoering van de tekening wordt.

Daarnaast zoomt Richard Hall in op Tony Fretton's 'muistekeningen'. Deze tekeningen, die in de jaren 1990 en begin 2000 tot stand kwamen, maken deel uit van Fretton's verkenning van digitale tekensoftware, waarbij hij deze hulpmiddelen op bewuste wijze toe-eigent in plaats van

consciously exploiting these tools rather than following their conventional and standardised uses. Fretton's series of drawings were made by using a computer mouse as one would draw with a pencil, and in doing so, Hall claims, these drawings reflect a conscious economy of drawing, that is translated into the conception of Fretton's architecture.

This relation between a specific drawing technique and the conception of architecture is rendered explicit in Leonidas Koutsoumpos's contribution on the section. Using the drawing of a theatre section found on an archaeological fragment of an ancient vase, Koutsoumpos suggests that the architectural section is related to the epistemological practice of cutting and categorising, as this was developed in Greek philosophy. As such, he asks us to rethink the section, from a mere outcome of the design process to a practice of sectioning as the foundation for design thinking.

Jantje Engels, then, examines a schematic drawing of James Gowan for the Engineering Faculty in Leicester, which he designed in collaboration with James Stirling. The black lines on tracing paper neatly follow the graph paper that was used as a template underneath. As such, the complex geometry of the roofs expresses the graph paper on a larger-than-life scale, neatly following the constraints of this specific drawing technique.

Beyond the relation between drawing and design, Gregorio Astengo links drawing technologies to abstract categories of thought, using the overlooked and fragmentary history of the mechanisation of parallel projection. By means of early examples of the automation of this specific drawing technique, Astengo suggests that the externalisation of the mental process of drawing might help us grasp the conceptual categories of infinity and uniformity.

In contrast, Merlijn Hurx shifts the perspective from the design process to the practice of building. He demonstrates how the systematic combination of plan and section was not exclusive to the drawings of the Italian artist-architects of the Renaissance, but was developed at the same time in the construction industry of the Low Countries. Here, the combination of orthographic projections was not an artistic practice, but a very pragmatic solution to changing industry standards.

Furthermore, Bart Decroos presents a drawing from John Hejduk's *Victims* project. In contrast to conventional ideas on the autonomy of architecture, this drawing is understood as a relational approach to the process of architectural construction. In combination with character descriptions and a fictional construction diary, the entire project becomes an exploration of the relations between the architecture and the complex history and future of Berlin and its citizens. The drawing is not a fixed design proposal, but an invitation for a 60-year-long process of construction and transformation.

Finally, Helen Thomas offers us a reflection on the practice of architectural drawing as such, as an almost non-sensical activity in the economic context of an architecture office. However, instead of being economically productive, Thomas claims that the time spent on architectural drawings can be understood as a Bataillean

de conventionele en gestandaardiseerde toepassingen ervan te volgen. Fretton's reeks tekeningen is gemaakt met behulp van een computermuis zoals men zou tekenen met een potlood, en daarbij, zo beweert Hall, weerspiegelen deze tekeningen een bewuste spaarzaamheid, die wordt vertaald in Fretton's manier van ontwerpen.

Deze relatie tussen een specifieke tekentechniek en de conceptie van architectuur wordt expliciet gemaakt in de bijdrage van Leonidas Koutsoumpos over de doorsnede. Aan de hand van een tekening van een theatertribune, die op het archeologisch fragment van een oude vaas werd gevonden, suggereert Koutsoumpos dat de architectonische doorsnede verband houdt met de kennistheoretische praktijk van het ontleden en categoriseren, zoals dit in de Griekse filosofie werd ontwikkeld. Zodoende vraagt hij ons om de doorsnede opnieuw te overdenken, van de eenvoudige uitkomst van het ontwerpproces naar een praktijk van ontleden die de grondslag vormt voor ontwerpmatig denken.

Jantje Engels bekijkt vervolgens een schematische tekening van James Gowan voor de Engineering Faculty van de universiteit van Leicester, die hij in samenwerking met James Stirling ontwierp. De zwarte lijnen op calqueerpapier volgen netjes het ruitjespapier dat als onderlegger werd gebruikt. Zo drukt de complexe geometrie van de daken het ruitjespapier op een levensgrote schaal uit, keurig de beperkingen van deze specifieke tekentechniek volgend.

Voorbij de relatie tussen tekenen en ontwerpen, legt Gregorio Astengo de link tussen tekentechnologieën en abstracte denkbeelden, aan de hand van de vaak genegeerde en fragmentarische geschiedenis van de mechanisering van het parallelle tekenen. Gebruik makend van vroege voorbeelden van de automatisering van deze specifieke tekentechniek, suggereert Astengo dat de veruitwendiging van dit mentale proces van tekenen ons zou kunnen helpen de conceptuele categorieën van oneindigheid en uniformiteit te begrijpen.

Merlijn Hurx verschuift vervolgens het perspectief van de ontwerppraktijk naar die van het bouwen zelf. Hij laat zien hoe de systematische combinatie van plan en doorsnede niet exclusief was voor de tekeningen van de Italiaanse kunstenaar-architecten van de Renaissance, maar tegelijkertijd werd ontwikkeld in de bouwpraktijk van de Lage Landen. De combinatie van orthografische projecties was hier geen artistieke praktijk, maar een zeer pragmatische oplossing voor de veranderende industriestandaards.

Verder presenteert Bart Decroos een tekening van John Hejduk's *Victims*-project. In tegenstelling tot conventionele ideeën over de autonomie van de architectuur, wordt deze tekening opgevat als een meer relationele benadering tot het bouwen van architectuur. Door de bijhorende karakterbeschrijvingen en een fictief bouwdagboek wordt het hele project een verkenning van de relaties tussen de architectuur en de complexe geschiedenis en toekomst van Berlijn en haar inwoners. De tekening is geen vaststaand ontwerpvoorstel, maar een uitnodiging tot een 60 jaar durend proces van constructie en transformatie.

Tot slot biedt Helen Thomas ons een reflectie op de praktijk van de architectuurtekening als zodanig, als een bijna nonsensicale activiteit binnen de economische context van een architectenbureau. In plaats van economisch productief te zijn, beweert Thomas dat de tijd die wordt besteed aan architectuurtekeningen kan worden opgevat als een tijdver-

expenditure, which proposes alternative purposes for the drawing beyond utilitarian pragmatics.

From a chronological perspective, on the other hand, the selection of contributions comprises a select number of cases taken from antiquity, the Middle Ages, the Renaissance and Victorian England, followed by a number of twentieth-century examples up to the introduction of the computer drawing in the early 1990s. As such, the selection excludes the contemporary explosion of drawing practices, both analogue, digital and post-digital, from a conviction that these more recent practices are heavily indebted to the history of the architectural drawing, and as such, have much to gain from insights in their predecessors.[8]

Practices of Drawing

As a whole, the papers in this issue explore the gap between drawing and building, from a variety of perspectives and within a variety of periods. Yet, they all aim to understand how the drawing functions within the process of conceiving, designing and constructing architecture, shifting the perspective from the drawing as a static and autonomous document to the drawing embedded in an on-going process. While Dal Co criticised the consumption of drawings as cultural objects in their own right, the work of Evans points towards a more relational approach to the role of the drawing. This seems to resonate with recent developments in the social sciences, where a renewed interest in 'material agency' considers things as actors embedded in human and non-human networks. While this networked perspective runs the risk of exhausting material things into immaterial relations, it does help to foreground the active role instruments, technologies and materials can play in the design process. As sociologist Bruno Latour and anthropologist Albena Yaneva write:

> The hundreds of models and drawings produced in design form an artistically created primal matter that stimulates the haptic imagination, astonishes its creators instead of subserviently obeying them, and helps architects fix unfamiliar ideas, gain new knowledge about the building-to-come, and formulate new alternatives and 'options', new unforeseen scenarios of realization.[9]

While the question of material agency appears as a new paradigm at the turn of the twenty-first century, this issue proposes to understand the history and theory of architecture as an already longstanding exploration of how the materiality of our lived environment shapes and influences the social world of humans, not only in the buildings constructed over time, but also in the drawing practices that underly the design processes through which these buildings are produced.

8
Following the so-called 'digital turn' of the first decade of the twenty-first century, much of the contemporary drawing practices have been called 'post-digital', in which architects seem to have moved beyond the distinction between analogue and digital, and drawings can be seen to move swiftly between the drawing board, the modelling room and the computer screen. Yet, many of these 'post-digital' drawings can still be seen to rely on the notion of autonomy, as demonstrated in the numerous and quasi-identical painterly collages, which proliferate endlessly on social media while rarely being translated into any built reality.

9
Bruno Latour and Albena Yaneva, 'Give Me a Gun and I Will Make All Buildings Move: An ANT's View of Architecture', in: Reto Geiser (ed.), *Explorations in Architecture: Teaching, Design, Research* (Basel: Birkhäuser, 2008), 80-89: 84.

spilling-volgens-Bataille, die alternatieve doelen voor het tekenen suggereert, die verder gaan dan een utilitaire pragmatiek.

Vanuit een chronologisch perspectief daarentegen bestaat de selectie van bijdragen uit een beperkt aantal gevallen uit de Oudheid, de Middeleeuwen, de Renaissance en het Victoriaanse Engeland, gevolgd door een aantal twintigste-eeuwse voorbeelden tot aan de introductie van de computertekening in het begin van de jaren 1990. De selectie sluit zodoende de hedendaagse explosie van tekenpraktijken uit, zowel analoog, digitaal als post-digitaal, vanuit de overtuiging dat deze meer recente praktijken schatplichtig zijn aan de geschiedenis van de architectuurtekening, en zo veel te winnen hebben bij inzichten in hun voorgangers.[8]

Tekenpraktijken

Alles bijeengenomen, onderzoeken de essays in dit nummer de kloof tussen tekenen en bouwen, vanuit verschillende perspectieven en binnen verschillende perioden. Toch willen ze allemaal begrijpen hoe de tekening functioneert binnen het proces van het bedenken, ontwerpen en bouwen van architectuur, waarbij het perspectief wordt verschoven van de tekening als een statisch en autonoom document naar de tekening die ingebed is in een voortdurend veranderend proces. Terwijl Dal Co kritiek had op de consumptie van tekeningen als op zichzelf staande culturele objecten, wijst het werk van Evans op een meer relationele benadering van de rol van de tekening. Dit lijkt overeen te stemmen met recente ontwikkelingen in de sociale wetenschappen, waar een hernieuwde belangstelling voor *material agency* de dingen benadert als actoren die ingebed zijn in menselijke en niet-menselijke netwerken. Hoewel dit netwerkperspectief het risico inhoudt om fysieke objecten volledig te reduceren tot hun immateriële relaties, helpt het wel om de actieve rol die instrumenten, technologieën en materialen in het ontwerpproces kunnen spelen, op de voorgrond te plaatsen. Zoals de socioloog Bruno Latour en de antropoloog Albena Yaneva samen schrijven:

> De honderden modellen en tekeningen die in het ontwerpproces worden geproduceerd, vormen een op artistieke wijze tot stand gekomen grondstof, die de haptische verbeelding prikkelt, de makers ervan verbaast in plaats van ze onderdanig te gehoorzamen, en architecten helpt om onbekende ideeën te fixeren, nieuwe kennis te verwerven over het te verwezenlijken gebouw, en nieuwe alternatieven en 'opties' te formuleren, nieuwe onvoorziene scenario's voor realisatie.[9]

Terwijl de kwestie van *material agency* aan het begin van de eenentwintigste eeuw verschijnt als een nieuw paradigma, stelt dit nummer van *OASE* dat de geschiedenis en theorie van de architectuur begrepen kan worden als een reeds lang bestaande verkenning van hoe de materialiteit van onze leefomgeving de sociale wereld van de mens vormgeeft en beïnvloedt, niet alleen in de gebouwen die in de loop van de tijd worden gerealiseerd, maar ook in de tekenpraktijken die aan de basis liggen van de ontwerpprocessen, waardoor deze gebouwen tot stand komen.

Vertaling: Bart Decroos

8 Na de zogenaamde *post-digital turn* van het eerste decennium van de eenentwintigste eeuw wordt een groot deel van de hedendaagse tekenpraktijken 'post-digitaal' genoemd, waarbij architecten het onderscheid tussen analoog en digitaal lijken achterwege te laten en tekeningen zich vlot tussen de tekentafel, de maquettekamer en het computerscherm lijken te bewegen. Toch blijkt een groot deel van deze 'post-digitale' tekeningen nog steeds te berusten op de notie van autonomie, zoals blijkt uit de wildgroei aan quasi-identieke, schilderachtige collages op sociale media, terwijl deze zelden worden vertaald in gebouwde werkelijkheid.

9 Bruno Latour, Albena Yaneva, 'Give Me A Gun and I Will Make All Buildings Move: An ANT's View of Architecture', in: Reto Geiser (red.), *Explorations in Architecture: Teaching, Design, Research* (Bazel: Birkhäuser, 2008) 80-89: 84. Vertaling door Bart Decroos.

Mariabruna Fabrizi

Through the Land of the Mind

Lina Bo Bardi's Drawing for a House in Sicily

Numerous architects have, consciously or not, 'externalised' their mental processes of imagination, by collecting, recording, rearranging and linking images previously stored in their mind, employing different media and visual tools. In some cases, the connections between this process and actual architectural production appear very explicit. Sometimes, the very process of displaying and organising the images and the formal and material nature of such arrangements have resonance within the production of architecture. A specific drawing, representative of a moment of Lina Bo Bardi's research, seems to embody a kind of externalisation of the process of imagination.

After graduating in Rome in 1939, Lina Bo moved to Milan and worked with Carlo Pagani, while collaborating with Gio Ponti first on *Domus* and then on the magazine *Lo Stile*. In 1942, still during wartime, she opened her own office. However, the lack of commissions pushed her to work as an illustrator for some Italian magazines, such as *Grazia* and *l'Illustrazione Italiana*, developing a profound interest in experimenting with different techniques and focusing on extremely varied subjects.

Her interest in drawing started at a very young age, with her father being a pretty accomplished amateur painter. Bo Bardi spent her formative period exploring different means of expression as a way of theorising, giving form to the images that were inhabiting her mind. Architecture historian Zeuler Rocha Lima underlined the multiple meanings of the practice of drawing for Lina Bo Bardi, which alternately became a way of recording everyday life, of narrating stories, of mocking conventions, of cataloguing objects; a practice that would merge with the production of study drawings explicitly connected to the design process.[1]

Bo Bardi and her friend and colleague Carlo Pagani designed the *Casa sul mare di Sicilia* in 1940. The project was published in *Domus* 152 (August 1940), the architecture magazine directed by Gio Ponti for which Bo Bardi and Pagani worked as editors. It was one of the few projects designed in Italy by Bo Bardi before she left for Brazil in 1946. The unbuilt proposal, with no actual client, was explicitly developed to be published in the magazine, in a specific monographic issue dedicated to houses by the sea. Editor in chief Ponti considered this seemingly mundane architectural subject to be substantial, for it could potentially lead to the valorisation of the Italian coastal landscape.

1
Zeuler Rocha Lima, *Lina Bo Bardi: Drawings* (Princeton/Oxford: Princeton University Press, 2019).

Mariabruna Fabrizi

Door het domein van de geest

Lina Bo Bardi's tekening voor een huis op Sicilië

Veel architecten veruitwendigen, bewust of onbewust, hun manier van denken en verbeelding, door eerder opgeslagen beelden te verzamelen, vast te leggen, te herschikken en met elkaar te verbinden. Ze gebruiken daarvoor verschillende media en visuele instrumenten. In sommige gevallen zijn de relaties tussen die mentale processen en de architectuurproductie zeer expliciet; soms heeft het tonen en organiseren van beelden, en de manier waarop ze formeel en materieel worden uitgedrukt, een onmiddellijk effect op de architectuurproductie. Een specifieke tekening van Lina Bo Bardi, representatief voor een moment in haar onderzoek, lijkt de veruitwendiging van zo'n verbeeldingsproces te belichamen.

Lina Bo Bardi studeerde in Rome. In 1939, na haar afstuderen, verhuisde ze naar Milaan. Ze werkte er onder meer met Carlo Pagani, en met Gio Ponti, aanvankelijk voor het tijdschrift *Domus* en vervolgens voor het tijdschrift *Lo Stile*. In 1942, tijdens de oorlog, opende ze haar eigen praktijk. Maar door gebrek aan opdrachten werkte ze ook als illustratrice voor enkele Italiaanse tijdschriften, zoals *Grazia* en *l'Illustrazione Italiana*. Tijdens deze periode interesseerde ze zich voor verschillende (teken) technieken en uiteenlopende onderwerpen.

Al heel jong begon ze te tekenen, mede onder invloed van haar vader, een bekwaam amateur-schilder. Bo Bardi verkende tijdens haar jeugd verschillende manieren om de beelden die haar geest bewoonden, te begrijpen en vorm te geven. Architectuurhistoricus Zeuler Rocha Lima benadrukte de meervoudige betekenissen van Bo Bardi's tekenpraktijk als afwisselend een manier om het dagelijks leven vast te leggen, verhalen te vertellen, conventies te bespotten en objecten te catalogiseren. Het was een praktijk die zou versmelten met de productie van studietekeningen die expliciet verbonden waren met het ontwerpproces.[1]

In 1940 ontwierp Bo Bardi samen met haar vriend en collega Carlo Pagani de *Casa sul mare di Sicilia*. Het project werd gepubliceerd in *Domus*, nummer 152 (augustus 1940), het architectuurtijdschrift onder leiding van Gio Ponti voor wie Bo Bardi en Pagani als redacteuren werkten. Het project was een van de weinige projecten die Bo Bardi ontwierp in Italië, vóór ze in 1946 naar Brazilië vertrok. *Casa sul mare* werd niet gerealiseerd, er was geen opdrachtgever. Het werd speciaal voor *Domus* ontwikkeld in het kader van een monografisch nummer over huizen aan zee. Hoofdredacteur Gio Ponti beschouwde dit schijnbaar alledaagse onderwerp als een belangrijk thema, omdat het zou kunnen leiden tot opwaardering van het Italiaanse kustlandschap.

Naast de meer conventionele representaties van het huis door middel van plattegronden, doorsneden en perspectieftekeningen, is er een

1
Zeuler Rocha Lima, *Lina Bo Bardi: Drawings* (Princeton/Oxford: Princeton University Press, 2019).

Among the conventional modes of representation in plans, sections and perspective projections is a peculiar drawing in watercolour, gauche and Indian ink, attributed to Lina Bo. It places the house, drawn in elevation, in the broader context of an imaginary landscape evocative of the island of Sicily. The original piece is a vertical document measuring 38 x 50 cm on a white background where the drawn features are distributed on the full surface of the sheet. The drawing is in black-and-white with limited use of the colour red to highlight specific features. In the published version of the drawing, the red is turned to green.

The recognisable, albeit reinvented geographic features depicted in the drawing – the island of Vulcano and the rest of the Aeolian islands in the distance, the bay and a creek – conceivably locate the site around the peninsula of Capo Milazzo, in northeast Sicily. Amid the landscape features are small architectural structures drawn in perspectives with varying vanishing points, or simply in elevation. The constructions are simple representations of architectural archetypes: there is an enclosure, named 'the garden in the garden' and a brick wall, with a hanging wooden roof, called 'the exotic garden', which subtly echoes the primordial hut of Laugier as the columns are represented as trunks. There is an obelisk, an astrolabe, a balustrade, modern garden furniture and a vaulted structure with a small square window, named 'the house'.

Figures of Greek mythology also populate the landscape: Ulysses and his dog, a *hermes* of Zeus's 'Askraios', three flattened human figures that seem to be borrowed from the decoration of a Greek vase, standing alongside a constellation of architectural structures relating to the mythical origins of architecture. Amphoras and potteries appear in various points of the drawing and also in the perspective describing the *Casa sul mare*: the excavations of different necropoli on the nearby Aeolian island of Lipari reveal an abundant local production during the Magna Graecia's period and also testify to a large quantity of imported pottery from Greece.

The figures are described in linear traits while a range of different textures constructed through small lines or points highlights the materiality of the constructions. Only occasionally do shades of grey enhance the brick structures, the vegetation and the smoke of both the volcano and some tugboats. Particularly accurate and specific is the depiction of wild plants, including Sicilian papyrus, sunflowers, acanthus, which contribute to the identification of the specific territory. The article by Bo and Pagani accompanying the project states that:

> The Sicilian soil is sacred, Magna Graecia is alive everywhere; in the atmosphere, in the landscape, in the memory. We do not want for it an architecture absent from this mythical, surprising, fascinating climate. Architecture must be the key to the landscape; it must transform into the landscape, become landscape itself.

The landscape takes on a layered meaning: the natural features of Sicily merge with a territory of mythical memory while universal architectural archetypes intertwine with the mythology of Magna Graecia.[2] This landscape also materially contains memories in the

2
Lina Bo and Carlo Pagani, 'Casa sul mare di Sicilia', *Domus* 152 (1940), 30 (translation M. Fabrizi).

speciale tekening die aan Lina Bo wordt toegeschreven, uitgevoerd in aquarel, gouache en Oost-Indische inkt. De tekening plaatst de opstand van het huis in de bredere context van een denkbeeldig landschap dat doet denken aan het eiland Sicilië. Het oorspronkelijke document is 38 x 50 cm en bevat een aantal kleinere tekeningen verspreid over het witte oppervlak van de pagina. De tekening is zwart-wit, met hier en daar wat rood om specifieke onderdelen te benadrukken. In de gepubliceerde versie van de tekening is het rood omgezet in groen.

De herkenbare, alhoewel opnieuw bedachte geografische elementen in de tekening – het eiland Vulcano en de rest van de Eolische eilanden in de verte, de baai en een kreek – bepalen de mogelijke locatie van het huis op het schiereiland Capo Milazzo, in het noordoosten van Sicilië. Te midden van de landschapselementen, tekende Bo Bardi kleine architectonische structuren in aanzicht of in perspectief met verschillende verdwijnpunten. De constructies zijn eenvoudige representaties van architectonische archetypen: er is een omheining, genaamd 'de tuin in de tuin' en een bakstenen muur, met een hangend houten dak, 'de exotische tuin', die subtiel de oerhut van Laugier weergeeft doordat de kolommen worden voorgesteld als boomstammen. Er is een obelisk, een astrolabium, een balustrade, modern tuinmeubilair en een gewelfde structuur met een klein vierkant raam, genaamd 'het huis'.

> p. 6-7
Lina Bo Bardi, illustration of gardens/ illustratie van de tuinen, 1940

Ook figuren uit de Griekse mythologie bevolken het landschap: Odysseus en zijn hond, een *hermes* van Zeus 'Askraios', drie platte menselijke figuren die ontleend lijken te zijn aan de decoratie op een Griekse vaas, naast een constellatie van architectonische structuren die verband houden met de mythische oorsprong van de architectuur. In de tekening verschijnen op verschillende plekken amforen en potten, en ook in het perspectief van de *Casa sul mare*: de opgravingen van verschillende necropoli op het nabijgelegen Eolische eiland Lipari, onthullen een rijke lokale productie tijdens de periode van Magna Graecia, en getuigen van een grote hoeveelheid geïmporteerd aardewerk uit Griekenland.

De personages worden in lijntekeningen afgebeeld, terwijl de constructies hun materialiteit en textuur demonstreren via lijntjes of puntjes. Heel af en toe worden de baksteenbouwsels, de begroeiing en de rook van de vulkaan of van sleepboten versterkt door grijstinten. Bijzonder nauwkeurig en specifiek is de weergave van wilde planten, waaronder de Siciliaanse papyrus, zonnebloemen en acanthus, die bijdragen aan de identificatie van dit bepaalde gebied. De projecttekst van Bo en Pagani stelt:

> De Siciliaanse bodem is heilig, Magna Graecia leeft overal; in de atmosfeer, in het landschap, in het geheugen. In dit mythische, verrassende, fascinerende klimaat, willen we geen afwezige architectuur. Architectuur moet de sleutel vormen tot het landschap, het moet in landschap veranderen, het moet het landschap zelf worden.

Het landschap krijgt een gelaagde betekenis: de natuurlijke kenmerken van Sicilië versmelten er met een territorium van mythische herinnering, terwijl universele architecturale archetypen verweven zijn met de mythologie van Magna Graecia.[2] Dit landschap bevat ook een fysiek geheugen in de vorm van artefacten in de grond die langzaam maar zeker aan het licht worden gebracht door archeologische opgravingen (in de tekening aangeduid als *gli scavi*).

2
Lina Bo en Carlo Pagani, 'Casa sul mare di Sicilia', *Domus* 152 (1940), 30 (vertaling M. Fabrizi).

form of buried artefacts progressively brought to light by archaeological excavations (indicated as *gli scavi* in the same drawing).

The drawing appears as a personal transposition of the meaningful references that the architects wished the project to absorb. It can be seen as a representation of the will to embrace the influence of vernacular knowledge and historical imagination to the rationalist approach that was dominant in Bo Bardi's training. The archetypal structures appearing in the drawing embody eminent characteristics of vernacular Mediterranean architecture with their simple shapes and small openings and their stone and brick materiality. As underlined by Steffen Lehmann, this attention for local materials and specific regional tectonics and typologies will have a strong influence on the later production of Lina Bo Bardi and will be strictly combined with a more modernist approach.[3]

It should also be noted that Bo Bardi's orientation met with Gio Ponti's direction of *Domus*, a magazine that promoted a modern architecture capable of embedding a certain 'Italian character' while eschewing traditionalism.

At the same time, this stylistic research aimed to respond to the material restrictions autarchy imposed under fascism. The regime prescribed that all building materials had to be produced locally, nothing was allowed to be imported.[4] As an idealised cartography, Bo Bardi's drawing is a way of visualising the specific encounters that will be translated into the project: namely, the culture and *mythos* of the Sicilian landscape. As a drawn statement, the piece demands that the architect re-engages with the mythical nature of architecture itself. Bo Bardi is thinking analogously with these figures, synthesising the subjects that will enter the project through the drawing, but also beginning to develop her own figurative repertoire.

The scale levels are purely mental, with the buildings, the structures and the characters appearing extremely large compared with the landscape features. The different vanishing points imply the collapsing in the same frame of different spatial (and temporal) references with the landscape acting as a unifying scene. In Bo Bardi's drawing, the Sicilian territory is the common ground that acts as an organisational device. The lines that delineate the landscape, the coast and the pathways are curves that structure the space of the sheet of paper and convey a sense of balance to the whole composition.

As already noted by Francesco di Maggio, drawing a territory also becomes an instrument for organising the imagination; it provides the architectural figures that inhabit it with a degree of autonomy and clarity while contemplating a shared space for their existence.[5] The drawing's technique allows the different buildings to be observed all together at once. Bo Bardi turns the landscape into the very device able to visualise the mental images that inhabit her mind, images connected to the origin of architecture, to classical motifs, to vernacular encounters, to luxuriant vegetation. In this way, she echoes a surrealist trope (also frequently seen in the work of Max Ernst, De Chirico and Magritte, among others) where the depicted territories are a projection of one's own inner landscape inhabited by the figures of the subconscious.

3
Steffen Lehmann, 'An Environmental and Social Approach in the Modern Architecture of Brazil: The Work of Lina Bo Bardi', *City, Culture and Society* (7 October 2016).

4
Valerio Palmieri, 'From the House by the Sea to the Beach House: Myths, Ideals and Praxis in 20 Years of Italian Architecture', *P+C, proyecto y ciudad*. Revista de temas de arquitectura 10 (Cartagena: Universidad Politécnica de Cartagena, Área de Proyectos Arquitectónicos, 2019), 127-142.

5
Francesco Maggio, 'Lina Bo Bardi, Unbuilt in Sicily', in: Marjan Groot et al. (eds.), *Women Designers, Craftswomen, Architects and Engineers between 1918 and 1945* (Ljubljana: Založba ZRC, 2017), 422-433.

De tekening lijkt een soort persoonlijke overdracht van betekenisvolle referenties die de architecten in het project wilden opnemen. De tekening kan gelezen worden als een representatie van de wens om eerder vernaculaire kennis en historische verbeelding te omarmen dan de rationalistische benadering die in Bo Bardi's opleiding dominant was. De archetypische structuren in de tekening belichamen de belangrijke kenmerken van vernaculaire mediterrane architectuur met hun eenvoudige vormen en kleine openingen, en hun materiaalgebruik van steen en baksteen. Zoals Steffen Lehmann benadrukte, zal deze aandacht voor lokale materialen en de specifieke regionale tektoniek en typologie een sterke invloed hebben op het latere werk van Lina Bo Bardi. Een interesse die nauwgezet zal worden gecombineerd met een meer modernistische benadering.[3]

Bo Bardi's oriëntatie stemde overeen met de lijn die Gio Ponti uitzette voor *Domus*, een tijdschrift dat een moderne architectuur promootte die in staat was om een 'Italiaans karakter' op te nemen, maar tegelijkertijd het traditionalisme vermeed.

Dit stijlonderzoek was ook bedoeld om een antwoord te bieden op het streven naar autarkie van het fascisme. Het regime schreef voor dat elk bouwmateriaal lokaal moest worden geproduceerd, er mocht niets worden ingevoerd.[4] Bo Bardi's tekening zou men dus kunnen lezen als een geïdealiseerde cartografie, met als doel de cultuur en mythes van het Siciliaanse landschap in een project te vertalen. Als getekend statement eist het stuk dat de architect zich opnieuw engageert om het mythische karakter van de architectuur te visualiseren. Bo Bardi denkwijze is analoog met deze figuren en synthetiseert de onderwerpen die via de tekening het project binnenwandelen, maar ze begint ook haar eigen figuratieve repertoire te ontwikkelen.

De schaalniveaus zijn puur mentaal, waarbij de gebouwen, de structuren en de personages extreem groot lijken in vergelijking met de landschapselementen. De verschillende verdwijnpunten impliceren de ineenstorting binnen hetzelfde kader van verschillende ruimtelijke (en temporele) verwijzingen, waarbij het landschap fungeert als een verbindend tafereel. In Bo Bardi's tekening werkt het Siciliaanse landschap als instrument om te kunnen organiseren. De lijnen die het landschap, de kust en de paden aangeven, zijn kromme lijnen die de ruimte van het vel papier structureren en een gevoel van evenwicht geven aan de hele compositie.

Zoals Francesco di Maggio al opmerkte, wordt het tekenen van een territorium ook een instrument om de verbeelding te organiseren: het geeft de architectonische figuren die er wonen een zekere mate van autonomie en helderheid, terwijl het ook een gemeenschappelijke ruimte voor hun bestaan biedt.[5] De tekentechniek maakt het mogelijk om de verschillende gebouwen in één oogopslag te bekijken. Bo Bardi maakt van het landschap het middel bij uitstek om de mentale beelden te visualiseren die haar geest bewonen, beelden die verbonden zijn met de oorsprong van de architectuur, met klassieke motieven, met vernaculaire ontmoetingen, met een weelderige vegetatie. In haar werk lijkt er een echo te zitten van een surrealistische troop (frequent aanwezig in het werk van onder andere Max Ernst, De Chirico en Magritte), waar de afgebeelde territoria een projectie zijn van het eigen innerlijke landschap dat bewoond wordt door figuren uit het onderbewuste.

De figuren die vrij door het landschap zwerven, zijn mythische herinneringen die in het territorium zitten opgesloten en die de 'binnenwereld'

3
Steffen Lehmann, 'An Environmental and Social Approach in the Modern Architecture of Brazil: The Work of Lina Bo Bardi', *City, Culture and Society* (7 oktober 2016).

4
Valerio Palmieri, 'From the House by the Sea to the Beach House: Myths, Ideals and Praxis in 20 Years of Italian Architecture', *P+C, proyecto y ciudad.* Revista de temas de arquitectura 10 (Cartagena: Universidad Politécnica de Cartagena, Área de Proyectos Arquitectónicos, 2019), 127-142.

5
Francesco Maggio, 'Lina Bo Bardi, Unbuilt in Sicily', in: Marjan Groot et al. (red.), *Women Designers, Craftswomen, Architects and Engineers between 1918 and 1945* (Ljubljana: Založba ZRC, 2017), 422-433.

The figures that roam freely across the landscape are the mythical memories embodied in the territory, merging the architect's inner world with the 'subconscious' of the land itself. The Vulcano island, in some versions of the myth, was the place where Efestus (*Vulcano*, in Latin), the God of fire, had his home and his forge. The whole Aeolian archipelago was home to Aeolus, the God of the winds, also encountered by Ulysses. The cave where Polyphemus, the one-eyed giant, sequestered Ulysses and his men is sometimes identified in a natural cave just close to the area.

A potential journey with no specific path loosely connects the different images of the architectures, which Bo Bardi draws as freestanding structures on the land. This 'journey' becomes a method of visualising and organising the thinking process behind the project, a process that becomes non-unidirectional and admits the unfolding of different paths. The technique of drawing allows the coexistence of the reality of the landscape with the mental images, absorbing all of them in the same trait, as if they belonged to the same universe.

The constructions in the drawing reappear in the general plan of the actual project drawings of the *Casa sul mare di Sicilia*, with the enclosure becoming the outside wall of the garden and the other structures populating the space between the wall and the house. The structures are somehow absorbed by the house garden that, in itself, mirrors a piece of the surrounding landscape, by also including a creek and picturesque paths. This garden, inhabited by the multiple objects that appeared in the illustration, simulates the same territorial journey and thus acquires a surrealist character. The house refers to a traditional Greek typology, the square patio house whose rooms all open onto an interior courtyard.[6] In its plan, the mythical figures – similar to those inhabiting the landscape in the drawing – are now superimposed on the patio.

The translation from the imagination to the project is mediated by the production of the illustration: once made visible through drawing, the mythical features of the land, the archetypal figures and their vernacular attributes can coexist in the space of the house and its garden. The process of imagination provides an organisational ability to create links between different images, first acquired through perception and then stored in memory. Thanks to its synthetic ability, Bo Bardi's drawing allows the visualisation of the original images that make up this process while providing the possibility to establish potential relationships among them. In a second movement, the images collected and translated on paper are synthesised by the project while still being recognisable.

Bo Bardi's practice of collecting, organising and displaying images will not be limited to this drawing: in her graphic work there is a recurrence of transformations of existing images, collages of fragments, extracted from their original context and placed in new arrangements to give birth to different meanings, thus mirroring the functioning of the cognitive process of imagination. This practice tended to survive both in her design process, where different realities can enter a project and in the exhibitions that she curated, where objects taken from different contexts would enter into dialogue.

6
Sarah Catalano, '"Casa sul mare di Sicilia": Progetto d'esordio di Lina Bo Bardi e Carlo Pagani', *Salvare Palermo* 22 (2008), 19.

van de architect versmelten met het 'onderbewuste' van het land zelf. Het Vulcano-eiland was in sommige versies van de mythe de plaats waar Efestus (Vulcano, in het Latijn), de god van het vuur, zijn huis en zijn smederij had. De hele Eolische archipel was de thuisbasis van Aeolus, de god van de winden, die Odysseus ook ontmoette. De grot waar Polyphemus, de eenogige reus, streed met Odysseus en zijn mannen wordt soms geïdentificeerd met een natuurlijke grot vlak bij het gebied.

Een mogelijke reis zonder een duidelijke route verbindt losjes de verschillende beelden van de architectuur, die Bo Bardi tekent als vrijstaande structuren op het land. Deze 'reis' wordt een methode om het denkproces achter het project te visualiseren en te organiseren, een proces dat niet in een richting stuurt, maar de ontwikkeling van verschillende paden toelaat. Door de tekentechniek kunnen de werkelijkheid van het landschap en de mentale beelden naast elkaar bestaan en allemaal in één keer opgenomen worden, alsof ze tot hetzelfde universum behoorden.

De constructies in de tekening komen terug in de eigenlijke projecttekeningen van de *Casa sul mare di Sicilia*, waarbij de omheining de buitenmuur van de tuin wordt en de andere structuren de ruimte tussen de muur en het huis bevolken. De bouwsels worden op de een of andere manier geabsorbeerd door de tuin van het huis, die op zich een stukje van het omringende landschap weerspiegelt, door een beekje en pittoreske paden. Deze tuin, bewoond door de vele objecten die in de illustratie voorkwamen, simuleert dezelfde territoriale reis en krijgt zo een surrealistisch karakter. Het huis verwijst naar een traditionele Griekse typologie, de vierkante patiowoning waarvan de kamers allemaal openen naar een binnenplaats.[6] In het ontwerp zijn de mythische figuren – vergelijkbaar met die in het landschap op de tekening – nu boven de patio geplaatst.

Het vertalen van de verbeelding naar het project wordt bemiddeld door de productie van de illustratie: eenmaal zichtbaar in de tekening, kunnen de mythische kenmerken van het land, de archetypische figuren en hun lokale attributen naast elkaar bestaan in de ruimte van het huis en de tuin. Het proces van verbeelding biedt een organisatorisch vermogen om verbanden te leggen tussen verschillende beelden, eerst verworven door perceptie en vervolgens opgeslagen in het geheugen. Dankzij haar synthetische vermogen is Bo Bardi's tekening in staat de originele beelden van dit proces te visualiseren en tegelijkertijd biedt het de mogelijkheid om verbanden te leggen tussen de beelden. Vervolgens worden de verzamelde en op papier vertaalde beelden in het project samengevoegd, maar blijven individueel herkenbaar.

Bo Bardi's praktijk van het verzamelen, organiseren en tonen van beelden zal niet beperkt blijven tot deze tekening: in haar grafisch werk zijn er telkens transformaties van bestaande beelden, collages van fragmenten, onttrokken aan hun oorspronkelijke context en geplaatst in nieuwe samenstellingen arrangementen, om zo verschillende betekenissen te creëren en de werking van het cognitieve proces van de verbeelding te weerspiegelen. Deze aanpak bleek levensvatbaar, zowel in haar ontwerpen, waar verschillende realiteiten een project kunnen binnendringen, als in de tentoonstellingen waarvan ze de curator was en waarin objecten uit verschillende contexten met elkaar in dialoog gingen.

Vertaling: Véronique Patteeuw

6
Sarah Catalano, '"Casa sul mare di Sicilia": Progetto d'esordio di Lina Bo Bardi e Carlo Pagani', *Salvare Palermo* 22 (2008), 19.

Bart Decroos

Perception through Drawing

In 1849, Victorian art critic John Ruskin published *The Seven Lamps of Architecture*, an extended essay celebrating the Gothic architecture of Europe. The publication was accompanied by 14 drawings made by the author himself, showing the ornaments, mouldings, capitals, arches, arcades, windows, balconies and other parts of Gothic buildings in France, Italy and England. As Ruskin writes in the preface, the plates serve as illustrations to the text, while he apologises for the fact that the drawings necessarily fall short of the sublime beauty of the architecture itself. However, the apology is mostly prompted by the low printing quality of the first edition, and in later editions he would make every effort to render the plates more legible and detailed, which suggests that they are not just illustrations after all, but that the drawings teach us something the text cannot. This article places this series of 14 drawings within the wider work of Ruskin, relating them to his works as a drawing teacher, his architectural theories, and, most fundamentally, his critiques of society as a whole. In doing so, the drawings are understood not as mere illustrations, but as the embodiment of a specific perspective on the world. By situating them within Ruskin's own thought, they appear as more than neutral visualisations: they direct the way we perceive the world.

Romantic Environmentalism

Ruskin has occasionally been characterised as the first environmentalist in the modern history of art. Although his writings cover a wide range of topics – from his early works on art and architecture to scientific writings on geology, ornithology and botany, and social theories on education and political economy – his work shows that he was primarily driven by a concern about the eroding effects of modern society and its tendencies towards industrialisation, mechanisation and instrumentalisation. Having grown up in a devout Christian family, where he spent much of his youth in biblical study, his work is deeply rooted in a sense of spiritual and religious duty. Over the course of his life, this sense of duty would motivate him to expand his initial writings on art and architecture to critiques of society as a whole. As such, his five-volume magnum opus *Modern Painters*, of which he published the first volume shortly after graduating from Oxford University in 1843, starts out as a defence of contemporary painting, but, with the publication of the second volume in 1846, already evolves into a more general exposition of a moral and Christian aesthetic, offering 'a vividly evangelical and consciously Wordsworthian celebration of truth in nature, and of art that serves truth'.[1] By 1860, in the fifth and final volume, this aesthetic sensibility can be read as an explicit projection of the religious narrative of the fall onto the secular

1 Dinah Birch, 'Introduction', in: Dinah Birch (ed.), *John Ruskin: Selected Writings* (Oxford: Oxford University Press, 2009), xiv. Most of the biographical information in the following text has been adopted from this overview of Ruskin's life.

Bart Decroos

Waarnemen door te tekenen

In 1849 publiceerde de Victoriaanse kunstcriticus John Ruskin (1819-1900) *The Seven Lamps of Architecture*, een uitgebreid essay over de gotische architectuur in Europa. De uitgave ging vergezeld van 14 door de auteur zelfgemaakte tekeningen van ornamenten, lijsten, kapitelen, bogen, galerijen, vensters, balkons en andere onderdelen van gotische gebouwen in Frankrijk, Italië en Engeland. In het voorwoord schrijft Ruskin dat de platen ter illustratie van de tekst dienen en verontschuldigt hij zich voor het feit dat ze noodzakelijkerwijs in het niet vallen bij de sublieme schoonheid van de architectuur zelf. Zijn verontschuldiging is echter vooral ingegeven door de slechte kwaliteit van de eerste druk en in latere edities zou hij er alles aan doen om de platen duidelijker en gedetailleerder te maken. Dit suggereert dat het toch niet alleen maar illustraties zijn, maar dat de tekeningen ons iets kunnen leren wat de tekst niet kan. In dit artikel wordt de serie van 14 tekeningen binnen het bredere kader van Ruskin's oeuvre geplaatst en gerelateerd aan zijn werk als tekenleraar, zijn architectuurtheorieën en, vooral, aan zijn maatschappijkritiek als geheel. De tekeningen worden daarbij niet louter als illustraties opgevat, maar als de belichaming van een bepaalde kijk op de wereld. Tegen de achtergrond van Ruskin's eigen gedachtengoed zijn het meer dan neutrale visualisaties: ze sturen de manier waarop we de wereld waarnemen.

Romantisch ecologisme

Ruskin wordt soms wel 'de eerste ecologist' in de moderne architectuurgeschiedenis genoemd. Hoewel zijn geschriften een breed scala van onderwerpen beslaan – van vroege werken over kunst en architectuur tot wetenschappelijke artikelen over geologie, ornithologie of plantkunde, en sociale theorieën over onderwijs en politieke economie – bleek uit zijn werk vooral een bezorgdheid over de eroderende effecten van de moderne samenleving en haar tendens om te industrialiseren, te mechaniseren en te instrumentaliseren. Hij groeide op in een vroom christelijk gezin waar hij een groot deel van zijn jeugd aan bijbelstudie spendeerde en zijn werk is dan ook diep verankerd in een besef van spirituele en religieuze plicht. Dit plichtsgevoel zou hem in de loop van zijn leven motiveren om zijn vroege geschriften over kunst en architectuur aan te vullen met algemene maatschappijkritische stukken. Zijn vijfdelige magnum opus *Modern Painters*, waarvan hij het eerste deel kort na zijn afstuderen aan de universiteit van Oxford in 1843 publiceerde, begint als een verdediging van de contemporaine schilderkunst. De reeks ontwikkelt zich echter in het in 1846 gepubliceerde tweede deel, al snel tot een meer algemene uiteenzetting over morele en christelijke esthetiek op basis van 'een levendig evangelisch en weloverwogen Wordsworth-achtig eerbetoon aan de waarheid van de natuur en van de kunst die in dienst staat van de waarheid'.[1] Deze esthetische sensibiliteit kan in het in 1860 verschenen vijfde en laatste deel worden gelezen als een expliciete projectie van het religieuze verhaal van de zondeval op de seculiere geschiedenis van Europa: de orde en schoonheid van het verleden worden als verloren gegaan

1
Dinah Birch, 'Introduction', in: Dinah Birch (red.), *John Ruskin: Selected Writings* (Oxford: Oxford University Press, 2009), xiv. De meeste biografische informatie in de tekst is overgenomen uit dit overzicht van Ruskin's leven.

histories of Europe: the order and beauty of the past is considered lost and replaced by the wilful destructiveness of the present industrialisation. He writes:

> Once, I could speak joyfully about beautiful things, thinking to be understood; – now I cannot any more; for it seems to me that no one regards them. Wherever I travel in England or abroad, I see that men, wherever they can reach, destroy all beauty. They seem to have no other desire or hope but to have large houses and to be able to move fast. Every perfect and lovely spot which they can touch, they defile.[2]

This narrative of the fall – a longing for an original and untouched Garden of Eden from which humankind has fallen – is emblematic of the Romanticist response to the industrialisation of the nineteenth century, which proposed a return to nature to cure the ills of modern society, and which still underlies much of the environmentalism of today. As ecological theorist Timothy Morton writes in *Ecology Without Nature*: 'Nature, practically a synonym for evil in the Middle Ages, was considered the basis for social good by the Romantic period.'[3] Yet, Morton argues, this concept of 'Nature' as a distinct realm from the human, cultured world also made nature's exploitation in the modern world possible:

> Since the Romantic period, nature has been used to support the capitalist theory of value and to undermine it; to point out what is intrinsically human, and to exclude the human; to inspire kindness and compassion, and to justify competition and cruelty.[4]

In his *Dark Ecology*, Morton further explains: 'The ecological value of the term *Nature* is dangerously overrated, because *Nature* isn't just a term – it's something that happened to human-built space, demarcating human systems from Earth systems.'[5] In other words, Ruskin's Romanticism is built on an environmental ideology that distinguishes the pristine, natural world from the human, cultural world, and, as we will see, much of his writings on architecture, and eventually on drawing as well, are built on this religiously-informed, ideological position.

The Naturalism of the Gothic

In 1849, a few years after the publication of the second volume of *Modern Painters*, Ruskin published *The Seven Lamps of Architecture*, his first treatise on architecture. The publication was based on the Gothic architecture he had seen on his travels throughout Europe and summarised much of the current thought on the 'Gothic Revival' at the time. By 1853, he would develop these ideas more fully in the three volumes of *The Stones of Venice*, where his appreciation of architecture would become explicitly informed by a 'vitalist' thinking.[6] In perhaps the most important chapter of the second volume, 'The Nature of Gothic', this vitalism leads him to describe the Gothic in terms of 'Savageness' and 'Naturalism': architecture as an expression of natural life, and architecture as being alive itself. On the savageness of the Gothic, Ruskin writes that it is the result of the disposition of the 'Northern Peoples',

2
John Ruskin, 'Modern Painters, V (1860): The Hesperid Aeglé', in: Birch, *John Ruskin*, op. cit. (note 1), 136.

3
Timothy Morton, *Ecology Without Nature: Rethinking Environmental Aesthetics* (Cambridge, MA: Harvard University Press, 2007), 15.

4
Ibid. 19.

5
Timothy Morton, *Dark Ecology: For a Logic of Future Coexistence* (New York: Columbia University Press, 2016), 58.

6
As Lars Spuybroek writes in *The Sympathy of Things*: 'If there ever was a vitalist, it was John Ruskin. . . . It is not just that material things are pervaded by human life . . . for Ruskin, matter itself is alive.' Lars Spuybroek, *The Sympathy of Things: Ruskin and the Ecology of Design* (London: Bloomsbury, 2016), 3.

beschouwd en lijken vervangen te zijn door de moedwillige vernielzucht van de huidige industrialisatie. Hij schrijft:

> Ooit kon ik vol vreugde over mooie dingen praten, omdat ik dacht dat ik werd begrepen; – dat kan ik nu niet meer; ik denk namelijk, dat er niemand naar ze omkijkt. Waar ik ook reis, in Engeland of daarbuiten, ik zie de mensen al het schone vernietigen, waar ze ook gaan of staan. Ze lijken geen andere wensen of dromen te hebben dan grote huizen te bezitten en snel te kunnen voortbewegen. Ze ontheiligen elke perfecte en prachtige plek die ze aanraken.[2]

Dit zondevalverhaal – over het verlangen naar de originele en ongerepte Hof van Eden waaruit de mensheid is verdreven – staat symbool voor de romantische reactie op de negentiende-eeuwse industrialisatie. Deze behelsde een oproep tot terugkeer naar de natuur, die bedoeld was om de kwalen van de moderne samenleving te genezen en die nog steeds ten grondslag ligt aan veel ecologisch ingestoken gedachtengoed. De ecologisch denker Timothy Morton schrijft in *Ecology Without Nature*: 'De natuur, in de middeleeuwen bijna synoniem aan het kwaad, werd in de romantiek beschouwd als de basis voor het maatschappelijk welzijn.'[3] Maar, zo stelt Morton, deze notie van 'de natuur' als een domein dat los staat van de menselijke, gecultiveerde wereld maakte ook de exploitatie van de natuur in de moderne wereld mogelijk:

> Sinds de romantiek wordt natuur gebruikt om de kapitalistische waardetheorie te onderschrijven en om haar te ondermijnen; om het intrinsiek menselijke aan te wijzen en om het menselijke uit te sluiten; om vriendelijkheid en medeleven aan te moedigen en om concurrentie en wreedheid te rechtvaardigen.[4]

In zijn *Dark Ecology* verklaart Morton verder: 'De ecologische waarde van de term "natuur" wordt in gevaarlijke mate overschat, want "natuur" is niet alleen een term – het is wat er gebeurde met de door de mens gebouwde ruimte, waarbij menselijke systemen werden losgekoppeld van aardse systemen.'[5] Met andere woorden, Ruskin's romantiek is gebaseerd op een ecologische ideologie die de ongerepte, natuurlijke wereld onderscheidt van de menselijke, culturele wereld en zoals we zullen zien, zijn veel van zijn geschriften over architectuur, en uiteindelijk ook over het tekenen, gebaseerd op deze religieus geïnspireerde ideologische positie.

Het naturalisme van de gotiek

In 1849, enkele jaren na de verschijning van het tweede deel van *Modern Painters*, publiceerde Ruskin *The Seven Lamps of Architecture*, zijn eerste verhandeling over architectuur. De uitgave ging over de gotische architectuur die hij op zijn reizen door Europa had gezien en vatte een groot deel van het toenmalige denken over de neogotiek samen. In 1853 zou hij zijn ideeën verder uitwerken in het driedelige *The Stones of Venice*, waarin zijn waardering voor de architectuur expliciet door een 'vitalistisch' denken zou worden gekleurd.[6] Dit vitalisme dreef hem ertoe, in wat misschien wel het belangrijkste hoofdstuk van deel twee is, 'The Nature of Gothic', om de gotiek in termen van *Savageness* (haar woeste karakter) en *Naturalism* (haar natuurlijke karakter) te beschrijven: architectuur als een uitdrukking van het natuurlijke leven, en architectuur als een levend iets. Over het woeste karakter van de gotiek schrijft Ruskin dat dat het resultaat is van

2
John Ruskin, 'Modern Painters, V (1860). The Hesperid Aeglé', in: Birch, *John Ruskin,* op. cit. (noot 1), 136.

3
Timothy Morton, *Ecology Without Nature: Rethinking Environmental Aesthetics* (Cambridge, MA: Harvard University Press, 2007), 15.

4
Ibid., 19.

5
Timothy Morton. *Dark Ecology: For a Logic of Future Coexistence* (New York: Columbia University Press, 2016), 58.

6
In *The Sympathy of Things* schrijft Lars Spuybroek: 'Als er ooit een vitalist was, dan was het wel John Ruskin (...). Niet alleen materiële dingen zijn doordrongen van het menselijk leven (...) voor Ruskin leeft de materie zelf.' Lars Spuybroek, *The Sympathy of Things: Ruskin and the Ecology of Design* (Londen: Bloomsbury, 2016), 3.

which is produced through the natural landscape of Northern Europe and the environmental conditions in which Gothic architecture is built:

> . . . this look of mountain brotherhood between the cathedral and the Alp; this magnificence of sturdy power, put forth only the more energetically because the fine-finger touch was chilled away by the frosty wind, and the eye dimmed by the moor-mist, or blinded by the hail . . .[7]

Inevitably, because of these environmental conditions, the workmen make 'mistakes' in their carvings, which are embraced by Ruskin as the imperfections of natural life and beauty:

> And in all things that live there are certain irregularities and deficiencies which are not only signs of life, but sources of beauty. No human face is exactly the same in its lines on each side, no leaf perfect in its loves, no branch in its symmetry. All admit irregularity as they imply change; and to banish imperfection is to destroy expression, to check exertion, to paralyse vitality. All things are literally better, lovelier, and more beloved for the imperfections . . .[8]

This appreciation of an aesthetics of imperfection reflecting the appearances of nature leads Ruskin to claim naturalism as an essential characteristic of the Gothic: 'The love of natural objects for their own sake, and the effort to represent them frankly, unconstrained by artistical laws.'[9] As this quote suggests, Ruskin believes that the most vital form of art is one that represents natural objects for their own sake, which is not only a matter of formal aesthetics, but also a way of seeing the world.

Perception through Drawing

Over the course of the next decades, Ruskin's work would shift away from art and architecture towards more social concerns for education: the education of children, of their parents, of the nation. In the 1870s, Ruskin would return to Oxford, where he became the Slade Professor of Fine Art and where he would found his own school of drawing. But already in the late 1850s and early 1860s, he became involved in a small school for girls, Winnington Hall in Cheshire, and it is with this audience in mind that he published a drawing manual in 1857 titled *The Elements of Drawing: In Three Letters to Beginners*. The publication is a collection of three letters addressed to a young audience – 12- to 14-year-old girls, as he indicates in the introduction – but nonetheless exhibits an explicit ideological view on the importance of drawing. The three letters – titled 'On First Practice', 'Sketching from Nature' and 'On Color and Composition' – mostly contain a series of basic drawing exercises: shading with a brush and pencil, tinting, outlining, colouring, composition. How conventional these exercises may sound, there are two things that stand out. First, Ruskin's insistence on taking nature as the subject matter to draw: the exercises primarily take leaves, foliage, trees, rocks and later on fragments of entire landscapes as their object. Secondly, Ruskin's emphasis on the

7
John Ruskin, 'The Stones of Venice, II (1853): The Nature for Gothic', in: Birch, *John Ruskin*, op. cit. (note 1), 37–38.

8
Ibid., 49.

9
Ibid., 57.

de aanleg van de 'noordelijke volkeren' die een gevolg is van het natuurlijke landschap van Noord-Europa en de klimatologische omstandigheden waaronder de gotische architectuur is gebouwd:

> (...) dit beeld van een bergachtige broederschap tussen kathedraal en alp; deze indrukwekkende, brute kracht, des te meer benadrukt doordat de fijngevoelige hand verkrampte in de ijzige wind, en het zicht werd verstoord door de opkomende mist, of verblind door de hagel (...).[7]

Onder deze omstandigheden is het onvermijdelijk dat door de handwerkslieden 'fouten' werden gemaakt in het beeldhouwwerk en deze worden door Ruskin omarmd als de onvolkomenheden van het natuurlijke leven en de schoonheid:

> En alles wat leeft, heeft bepaalde onregelmatigheden en gebreken die niet alleen tekenen van leven zijn, maar ook bronnen van schoonheid. Bij geen enkel menselijk gezicht zijn de lijnen aan weerszijden precies dezelfde, geen blad is perfect, geen tak geheel symmetrisch. Ze zijn allemaal onregelmatig omdat ze veranderlijk zijn; en het uitbannen van imperfectie staat gelijk aan het vernietigen van expressie, het beteugelen van activiteit en het lamleggen van vitaliteit. Alle dingen zijn letterlijk beter, mooier en geliefder vanwege hun onvolkomenheden (...).[8]

Deze waardering voor een esthetiek van onvolmaaktheid die de verschijningsvormen van de natuur weerspiegelt, brengt Ruskin ertoe om het naturalisme te claimen als een essentieel kenmerk van de gotiek: 'De liefde voor natuurlijke objecten zoals ze zijn en de inspanning die het kost om ze oprecht, ongehinderd door artistieke wetten, af te beelden.'[9] Zoals dit citaat al suggereert is Ruskin van mening dat de meest vitale vorm van kunst er een is die natuurlijke objecten realistisch afbeeldt, wat niet alleen een kwestie van formele esthetiek is, maar ook een manier om de wereld te zien.

Waarnemen door te tekenen

In de loop van de decennia zou Ruskin's werk steeds minder over kunst en architectuur, en steeds meer over maatschappelijke kwesties als onderwijs gaan: onderwijs aan kinderen, aan hun ouders, aan het land. In de jaren 1870 keerde Ruskin terug naar Oxford om de Slade-leerstoel in de Schone Kunsten te bekleden en zijn eigen tekenschool te stichten. Maar eind jaren 1850, begin jaren 1860 raakte hij betrokken bij een meisjesschool, Winnington Hall in Cheshire, en het is met dit publiek in gedachten dat hij in 1857 een tekenleerboek publiceerde met de titel *The Elements of Drawing: In Three Letters to Beginners.* Hoewel het hier om de publicatie van een verzameling van drie brieven gericht aan een jong publiek gaat – meisjes van 12 tot 14 jaar oud, zoals hij in de inleiding aangeeft – bevat het boek niettemin een expliciete ideologische visie op het belang van tekenen. De drie brieven – *On First Practice* (Je eerste tekening), *Sketching from Nature* (Schetsen naar de natuur) en *On Color and Composition* (Over kleur en compositie) – bestaan hoofdzakelijk uit een reeks elementaire tekenoefeningen: arceren met penseel en potlood, schakeren, schetsen, inkleuren en composities maken. Dit lijken misschien conventionele oefeningen, maar er zijn twee dingen die opvallen. Ten eerste staat Ruskin erop, de natuur als onderwerp van de tekeningen te gebruiken: de oefeningen betreffen vooral het tekenen van losse bladeren en gebladerte, bomen, rotsen en later ook fragmenten van hele landschappen. Ten

7
John Ruskin, 'The Stones of Venice, II (1853): The Nature for Gothic', in: Birch, *John Ruskin*, op. cit. (noot 1), 37-38.
8
Ibid., 49.
9
Ibid., 57.

importance of perception, or rather, how drawing *is* perception. As he writes in the preface: 'The excellence of an artist, as such, depends wholly on refinement of perception, and that it is this, mainly, which a master or a school can teach.'[10] The two points are of course related, and it is Ruskin's conviction that learning how to draw is learning to perceive, rather than the opposite: 'I believe that the sight is a more important thing than the drawing; and I would rather teach drawing that my pupils may learn to love Nature, than teach the looking at Nature that they may learn to draw.'[11] The act of tracing the lines of a branch or leaf, shading the colours of a rock exposed to sunlight, with a pencil or a brush, using pigments and charcoal, all of this is aimed at directing the way we look at things, heightening our perception of things, and finally to understand those things. In other words, aside from all technical knowledge on how to draw, the three letters are more fundamentally exercises in how to perceive the natural world.

But *how* to perceive this world? Ruskin's understanding of perception is founded on the primacy of sight. In his inaugural address at the Cambridge School of Art in 1858, Ruskin states that the primary goal of teaching is 'one and the same thing to all; namely, Sight. Not a slight thing to teach, this: perhaps, on the whole, the most important thing to be taught in the whole range of teaching.'[12] This emphasis on sight, for Ruskin, means that a thing and the perception of the thing cannot be separated, and that the world is to be perceived empirically, rather than ideally. As he writes in *The Elements*:

> I believe that the endeavour to separate, in the course of instruction, the observation of light and shade from that of local color, has always been, and must always be, destructive of the students' power of accurate sight, and that it corrupts his taste as much as it retards progress.[13]

The primacy of empirical sight also prompts him to disregard the use of perspective, claiming it be 'amusing' and nothing more:

> For perspective is not of the slightest use, except in rudimentary work. You can draw the rounding line of a table in perspective, but you cannot draw the sweep of a sea bay; you can foreshorten a log of wood by it, but you cannot foreshorten an arm. Its laws are too gross and few to be applied to any subtle form; therefore you must learn to draw subtle forms by the eye, certainly you may draw the simple ones.[14]

What is at stake for Ruskin, in the context of the modernisation of the nineteenth century, is to teach children, their parents and the nation how to look at the world, the natural world from which modern society has become estranged. Learning how to draw is learning how to see, and as he continues in his inaugural address:

> To be taught to write or to speak – but what is the use of speaking, if you have nothing to say? To be taught to think – nay, what is the use of being able to think, if you have nothing to think of? But to be taught to see is to gain word and thought at once, and both true.[15]

10
John Ruskin, *The Elements of Drawing: In Three Letters to Beginners* (New York: National Library Association, 2009), xii.

11
Ibid.

12
John Ruskin, 'Cambridge School of Art: Inaugural Address (1858)', in: Birch, *John Ruskin*, op. cit. (note 1), 94-95.

13
Ruskin, *The Elements of* Drawing, op. cit. (note 10), xiv-xv.

14
Ibid., xv.

15
Ruskin, 'Cambridge School of Art', op. cit. (note 12), 95.

tweede benadrukt Ruskin het belang van de waarneming, of beter gezegd, dat tekenen vooral waarnemen is. In het voorwoord schrijft hij: 'De uitmuntendheid van de kunstenaar hangt volledig af van de precisie van diens waarneming en juist dit kan door een docent of op een school worden onderwezen.'[10] De twee punten hangen natuurlijk samen en Ruskin is ervan overtuigd dat 'leren tekenen' eerder gelijkstaat aan 'leren waarnemen' dan andersom: 'Ik geloof dat het gezichtsvermogen belangrijker is dan het tekenvermogen; en ik zou liever tekenles geven zodat mijn leerlingen van de natuur leren houden, dan ze naar de natuur leren kijken zodat ze kunnen leren tekenen.'[11] Het natekenen van de lijnen van een tak of blad, het arceren van de kleuren van een aan het zonlicht blootgestelde rots met een potlood of een penseel, het gebruik van pigmenten en houtskool, dit alles is erop gericht om de manier waarop we naar de dingen kijken te sturen en onze waarneming van de dingen te versterken en, ten slotte, om de dingen te kunnen begrijpen. Met andere woorden, naast alle technische kennis over tekenen bevatten de drie brieven vooral fundamentele oefeningen in het waarnemen van de natuurlijke wereld.

Maar hoe kunnen we deze wereld waarnemen? Ruskin's opvatting van de waarneming is gebaseerd op het primaat van het zicht. In zijn inaugurele rede aan de Cambridge School of Art in 1858 stelt Ruskin dat het primaire doel van het onderwijs 'voor iedereen hetzelfde is, namelijk, het leren zien. Dit te onderwijzen is geen kleinigheid, maar misschien wel het belangrijkste van alles wat in het onderwijs moet worden onderwezen.'[12] Deze nadruk op het zicht betekent voor Ruskin dat een ding en de waarneming ervan niet van elkaar kunnen worden gescheiden en dat de wereld empirisch moet worden waargenomen in plaats van ideëel. In *The Elements* schrijft hij:

> Ik geloof dat het streven om de waarneming van licht en schaduw in de loop van het onderwijs te scheiden van de waarneming van lokale kleur, het vermogen van studenten om nauwkeurig waar te nemen altijd al heeft beschadigd en altijd zal blijven beschadigen, en dat het hun onderscheidingsvermogen net zozeer aantast, als dat het hun vooruitgang afremt.[13]

Het primaat van het empirische zien zet hem er ook toe aan om het gebruik van het perspectief te veronachtzamen en te beweren dat het alleen maar 'amusant' is:

> Want perspectief heeft geen enkel nut, behalve in rudimentair werk. Je kunt de ronde lijn van een tafel in perspectief tekenen, maar de kromming van een baai niet; je kunt een boomstam verkort tekenen, maar een arm niet. De wetten van het perspectief zijn te grof en te gering om op een subtiele vorm te kunnen worden toegepast; daarom moet je subtiele vormen op het oog leren tekenen, om te beginnen de eenvoudige vormen.[14]

Wat Ruskin vooral belangrijk vindt, in de context van de negentiende-eeuwse modernisering, is dat kinderen, hun ouders en de natie leren hoe ze naar de wereld moeten kijken, naar de natuurlijke wereld waarvan de moderne samenleving vervreemd is geraakt. Leren om te tekenen is leren om te zien en zoals hij in zijn inaugurele rede vervolgt:

> Om te leren schrijven of spreken – maar wat heeft spreken voor zin als je niets te zeggen hebt? Om te leren denken – ja, wat heeft het voor

10
John Ruskin, *The Elements of Drawing: In Three Letters to Beginners* (New York: National Library Association, 2009), xii.

11
Ibid.

12
John Ruskin, 'Cambridge School of Art: Inaugural Address (1858)', in: Birch, *John Ruskin*, op. cit. (noot 1), 94–95.

13
Ruskin, *The Elements of Drawing*, op. cit. (noot 10), xiv–xv.

14
Ibid., xv.

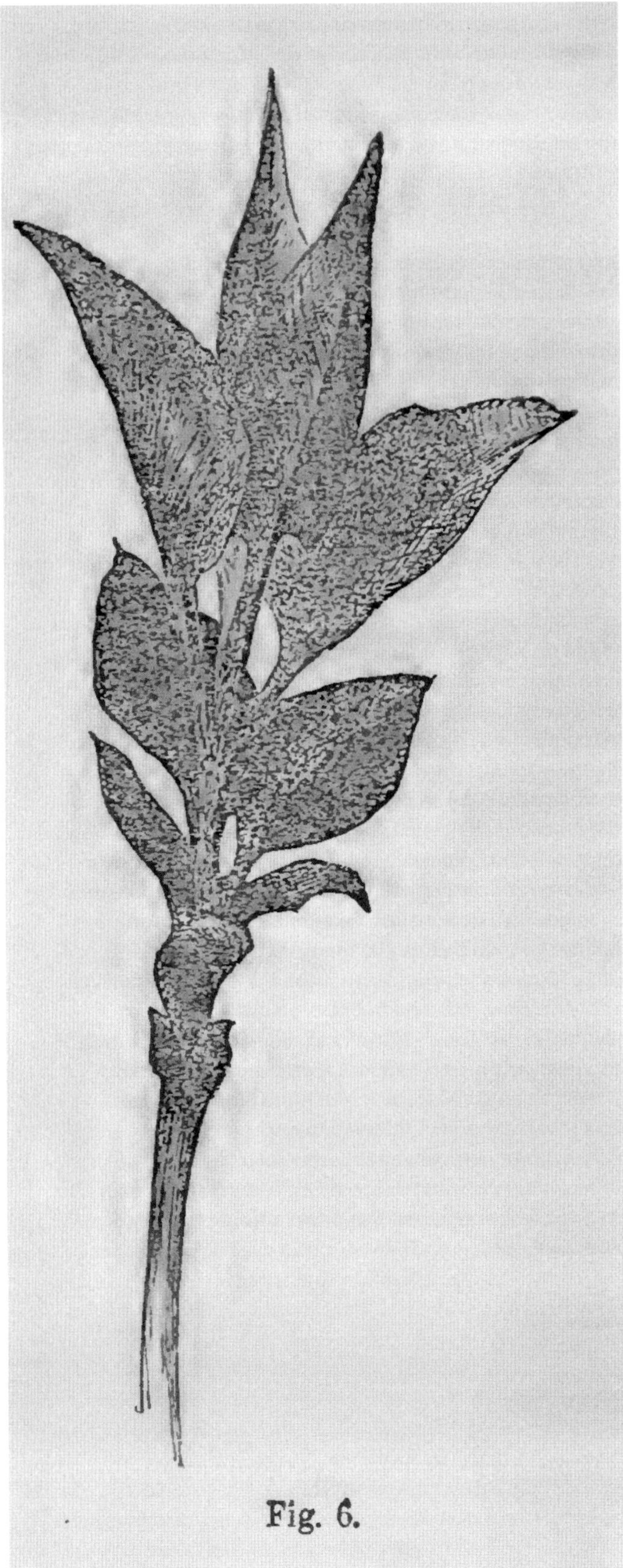

John Ruskin, 'Fig. 6', drawing of a single long leaf / tekening van een enkel lang blad, *The Elements of Drawing*, 1857

zin om te kunnen denken als je niets hebt om aan te denken?
Maar om te leren zien betekent: om gelijktijdig woorden en gedachten te verwerven, beide waarachtig.[15]

Konden we de feiten maar zien voor wat ze zijn, dan 'zou de wereld er al snel heel anders voor staan'.[16]

> p. 2
John Ruskin, 'Plate I. Ornaments from Rouen, St. Lo, and Venice' / 'Plaat I. Ornamenten uit Rouen, Saint-Lô en Venetië', *The Seven Lamps of Architecture*, 1849

Een manier van zien

Wanneer we nu terugkeren naar *The Seven Lamps*, dan begrijpen we ook het belang van de daarin opgenomen tekeningen. In tegenstelling tot wat Ruskin beweerde, zijn het niet louter illustraties, maar dienen ze als een instrument om de wereld mee waar te nemen. Ze zijn noch in perspectief getekend, noch geanalyseerd of geabstraheerd – ze zijn empirisch getekend, als ware het studies van de vertakkingen van bomen, de weelderige groeipatronen van bloembladeren of het opschieten van klimplanten. Het is niet toevallig dat ze, ondanks het feit dat het architectuurtekeningen zijn, vooral fragmenten van de natuurlijke wereld laten zien. Het meest emblematisch in dit opzicht is Plaat I, waarop de tekeningen van de ornamenten van de kathedralen van Rouen, Saint-Lô en Venetië sterk lijken op sommige van de tekeningen in *The Elements*. Zo suggereert het werk van Ruskin dat de tekenpraktijk geen neutraal instrument is, maar altijd de weergave van een bepaald perspectief op de wereld, en dat de tekeningen die we maken om deze wereld af te beelden of voor te stellen, de manier sturen waarop we ons ertoe verhouden. Ruskin's nadruk op een gotische esthetiek met gebogen lijnen en naturalistische motieven vertegenwoordigt de verbeelding van een romantisch en antikapitalistisch wereldbeeld dat hij wilde inzetten om Groot-Brittannië en de samenleving die steeds meer gericht was op het utilitaire en rationele, opnieuw op te voeden.[17] Ruskin beschouwde de kunst en de architectuur als voertuigen voor maatschappelijke hervorming en tekenen als het fundamentele middel om de kunst en de architectuur te begrijpen: kunnen tekenen, betekent kunnen zien, en kunnen zien, betekent de wereld te begrijpen en zodoende te veranderen. Ruskin leefde in tijden van modernisering en mechanisering, en vond het nodig zich te verzetten tegen de instrumentalisering van zowel de mens als de natuurlijke wereld; in dit opzicht lijkt onze huidige tijd nog behoorlijk op die van het Victoriaanse Engeland. Architecten beschikken over een bijna eindeloos scala van analoge en digitale mogelijkheden om beelden te produceren. Het kan het nodig blijken om te heroverwegen welke instrumenten we willen gebruiken voor het ontwerpen, presenteren en representeren van de mogelijke toekomst van wat er nog rest van onze natuurlijke wereld.

Vertaling: InOtherWords, Maria van Tol

15
Ruskin, 'Cambridge School of Art', op. cit. (noot 12), 95.

16
Ibid.

17
Zie voor een onderzoek naar het vooruitstrevende karakter van Ruskin's antikapitalistisch conservatisme: Robert Hewison, 'Straight Lines or Curved: The Victorian Values of Ruskin and Cole', in: Peggy Deamer (red.), *On Architecture and Capitalism: 1845 to the Present* (New York: Routledge, 2014), 8-22.

If only we could see the facts as they are, 'we should soon make it a different world'.[16]

A Way of Seeing

When we return to *The Seven Lamps*, we can now understand the importance of these drawings. In contrast to what Ruskin argued, these drawings are not merely illustrations, but serve as a tool with which to perceive the world. They are not drawn in perspective, nor are they analytic or abstracted – they are drawn empirically, as if they were studies of the branches of trees, the luxuriant growth patterns of flower petals or the shoots of climbing plants. Not coincidentally, despite being drawings of architecture, this is mostly what they show: fragments of the natural world. Most emblematically in this regard would be Plate I, where the drawings of ornaments from cathedrals in Rouen, St Lo and Venice closely resemble some of the drawings included in *The Elements* As such, the case of Ruskin suggests that drawing practices are never neutral instruments, but always the embodiment of a certain perspective of the world, and that the drawings we use to imagine or represent this world direct the way we relate to it. Ruskin's insistence on a Gothic aesthetic, with its curved lines and naturalist motives, embodies the imagination of a Romantic and anti-capitalist worldview, through which he sought to re-educate the nation in an increasingly utilitarian and rationalist society.[17] For Ruskin, art and architecture were vehicles for societal reform, and the fundamental means of understanding art and architecture was through drawing: to be able to draw is to be able to see, and to see is to be able to understand and change the world accordingly. If Ruskin lived in a time of modernisation and mechanisation, where he found it necessary to resist the instrumentalisation of both human beings and the natural world, our current age might still resemble Victorian England. As architects, having an almost endless range of image-making possibilities at our disposal, both analogue and digital, it might prove necessary to reconsider the tools we use to design, present and represent the possible futures of what is still left of our natural world.

16
Ibid.

17
For an examination of the progressive nature of Ruskin's anti-capitalist conservatism, see Robert Hewison, 'Straight Lines or Curved: The Victorian Values of Ruskin and Cole', in: Peggy Deamer (ed.), *On Architecture and Capitalism: 1845 to the Present* (New York, Routledge, 2014), 8-22.

Aslı Çiçek

Berekende esthetiek

De plattegrond van de sporthal in Losone, Zwitserland (1990-1997) van Livio Vacchini is een computertekening. Ze bestaat uit het herhalen van vier basiselementen: een rechthoekig zwart, massief blokje en drie soorten korte lijnen – een verticale lijn en twee diagonalen in tegengestelde richting. Het zwarte, massieve blokje is met dezelfde tussenruimte 26 keer gekopieerd aan de korte zijde van het gebouw en 48 keer aan de lange zijde. Eén type van de korte diagonale lijnen wordt herhaald over twee lange en vier kortere stroken, die zich boven en onderin de binnenruimte bevinden en gecentreerd zijn ten opzichte van de centrale as. Een aantal korte lijnen staat loodrecht op deze zijden getekend. Ze tonen twee trappen aan de ene kant van de binnenruimte en één trap aan de andere kant. De ruimte binnen de perimeter van de zwarte blokjes is bedekt met een patroon van kortere diagonale lijntjes. Hoe elementair de manier van tekenen ook is, de zwarte blokjes in de tekening zijn herkenbaar als massieve kolommen die in werkelijkheid zijn uitgevoerd in beton, 8 m hoog en taps toelopend, terwijl de lange stroken van korte diagonale lijntjes muren voorstellen, die op ongeveer 6 m afstand van de kortere gevels zijn geplaatst. Daarnaast duidt het patroon op de vloer op een binnenruimte van 56 x 31 m. Tussen dit gearceerde oppervlak en de zwarte blokjes zit een kleine afstand die de glazen gevel aan de binnenzijde van de kolommen suggereert. Het gebouw lijkt richtingloos. De enige zichtbare circulatie zijn de trappen die aan beide zijden leiden naar twee ondergrondse volumes, voor opslag en kleedkamers, en naar een bovengelegen uitkijkplatform.

De ogenschijnlijke eenvoud van zowel de tekening als het gebouw sluit aan bij de ambitie van Livio Vacchini (1933-2007) om architecturale ruimte te maken op basis van structurele elementen. Om zijn intentie uit te drukken, is hij sinds het begin van de jaren 1990 begonnen met het gebruik van de computer als enig hulpmiddel om te tekenen.[1] Toch lag zijn interesse niet in de verkenning van de mogelijkheden van de realistische en driedimensionale tekening, die met behulp van de computer werd geïntroduceerd. In plaats daarvan bestaan Vacchini's tekeningen uit haast schematische plattegronden, doorsneden en aanzichten, uitgevoerd met volle vlakken en arceringen zoals in de tekening van de sporthal in Losone. Ondanks het vlakke, grafische beeld verbeeldt deze tekening Vacchini's manier van denken: het ontwerp van een gevel als direct gevolg van de rationaliteit van de structuur. Het cassetteplafond dat het hele interieur overspant, is van buitenaf niet waarneembaar als dak, want het wordt tussen de kolommen gehouden in plaats van erop te rusten. De verwachte architraaf er bovenop is afwezig en de gevels van het gebouw worden een opeenvolging van identieke en verticale structurele elementen.

In Vacchini's werk wordt de gevel niet gezien als grens tussen buiten en binnen, maar wordt deze het gebouw zelf, waarbij beide zijden worden gedefinieerd door eenzelfde principe. Zo is de gevel van de sporthal in Losone al aanwezig – en misschien wel het duidelijkst leesbaar – in

1
Deze tekening hoort bij de tweede fase van Livio Vacchini's oeuvre, waarmee hij vanaf 1990 een andere weg insloeg. Voorafgaand aan deze periode leverde Vacchini's praktijk werk op dat vaak in nauwe samenwerkingsverbanden werd gemaakt en eerder door middel van conventionele tekeningen werd gepresenteerd.

Aslı Çiçek

Calculated Aesthetics

The floor plan of the Losone gymnasium (1990-1997) in Switzerland by Livio Vacchini is a computer drawing made through the repetition of four basic elements: a rectangular black solid, and three types of short lines – one vertical and two diagonals in opposite directions. The black solid is copied with equal distance 26 times on the short side of the building and 48 times on the long one, mirrored around the central axis of both sides. One type of the short diagonal lines is repeated over two long stretches and four shorter ones, situated at the top and bottom of the interior space and again mirrored on the longitudinal central axis. Short lines perpendicular to these stretches show two staircases at one end of the interior and one staircase at the other. The space inside the perimeter of the black solids is covered with a repetition of the other diagonal short line. However basic the means of drawing are, it is easy to recognise that the black fillings in the drawing represent massive columns in reality, which are in concrete, 8 m high and tapered, while the long stretches of short diagonal lines symbolize walls placed with a distance of approximately 6 m to the shorter façades. In addition, the hatched floor indicates an interior space of 56 x 31 m. Between this hatched surface and the black solids is a slight distance that suggests the glass façade at the inside of the columns. The building seems to be directionless, as the only visible circulation elements are the staircases at both sides, which lead to two underground volumes, where storage and changing rooms are placed, and to an upper viewing platform.

The apparent simplicity of both the drawing and the building relates to Livio Vacchini's ambition to make architectural space by only using structural elements. To express this intention, he started to use the computer as his sole tool for drawing at the beginning of the 1990s.[1] Yet his interest didn't lie in exploring the possibilities of the realistic and three-dimensional drawings that were introduced through computer aided design. Instead, Vacchini's drawings communicated his projects only through almost schematic plans, sections and frontal views, made with solid surfaces and hatches as in the drawing of the Losone gymnasium. Despite its flat, graphic appearance, this drawing reveals Vacchini's mental exercise of how to conceive a façade that is a direct consequence of the rationality of its structure. The cassette ceiling spanning the entire interior is not detectable as a roof from the outside, for it is suspended between these columns instead of resting on them. The expected architrave on top of them is absent and the façade of the building becomes a succession of its identical and vertical structural elements.

In Vacchini's work, the façade is not seen as the boundary between outside and inside, but becomes the building itself, defining both sides by one principle. Thus, the façade of the Losone gymnasium is already – and perhaps most clearly – readable in the floor

1
This drawing belongs to the second part of Livio Vacchini's oeuvre, which followed another path from 1990 onwards. Prior to this period, Vacchini's practice produced work that was often made in close collaborations and was represented by conventional drawings.

Studio Vacchini architetti, CAD drawing, floor plan of Losone gymnasium/ CAD-tekening, plattegrond van de sporthal in Losone, 1990–1997

plan. One can imagine the natural light falling through the identical openings between the columns and changing the appearance of the interior almost by the minute. The massive concrete columns, shown as solid surfaces on the drawing, are perfect black stains and are the result of the calculations done by computer. They distance themselves from the uniqueness of a hand drawing and instead point to what matters most for the mental space of the architect. It is not about the idiosyncratic quality of a handmade drawing, but rather about the rationality of the drawing tool that has been used. Ultimately, the drawing is the outcome of rational calculation, which results in an aesthetic quality that defines the structural architecture of Livio Vacchini's later work.

de plattegrond. Men kan zich voorstellen hoe natuurlijk licht door de identieke openingen tussen de kolommen valt en het interieur bijna iedere minuut doet veranderen. De massieve betonnen kolommen, op de tekening weergegeven als massieve blokjes, zijn perfecte zwarte vlekken en zijn het resultaat van de berekeningen door de computer. Ze nemen afstand van het unieke karakter van een handtekening en wijzen in plaats daarvan op wat het belangrijkst is voor de denkruimte van de architect. Het gaat hier niet om de eigenheid van een handgemaakte tekening, maar om de rationaliteit van het gebruikte tekengereedschap. De tekening is het resultaat van een rationele berekening, die resulteert in een esthetische kwaliteit en die de structurele architectuur van Livio Vacchini's latere werk definieert.

Vertaling: Véronique Patteeuw

Jurjen Zeinstra

Rooms and Things

Heinrich Tessenow's Interior Perspectives

Despite the fact that German architect Heinrich Tessenow realised various influential projects, it could be argued that his real legacy consists of a large number of remarkable perspective drawings of houses, gardens and interiors.[1] In fact, photographs of his realised work, the interiors in particular, are often less convincing thana the preceding perspective drawings. Usually looking slightly ponderous, these photographed interiors somehow miss the subtle openness of the perspectives.[2] Apparently, these drawings contain a quality that reaches far beyond the mere representation of the artefacts on display. With this in mind, I want to look more closely at some of Tessenow's interior perspectives and ask a number of questions. Should these drawings be interpreted, not so much as illustrations to building projects and furniture designs, but as part of an ongoing quest? If so, are we able to reconstruct what Tessenow tried to explore in these drawings? And, finally, what is it about these drawings that continues to fascinate architects and designers? To answer these questions, I have selected four drawings of living rooms, all created between 1903 and 1913, that show a similar interior arrangement. From each drawing I want to distil one specific notion that sheds a particular light on the development of Tessenow's work in those ten years: respectively *Stimmung, Abstraktion, Sachlichkeit* and *Gewöhnlichkeit*.

Stimmung

The first drawing depicts the living room of a lower-middle-class single-family row house. A table and two chairs are placed on a wooden floor.[3] Behind the table we see three small windows with a built-in bench below them. The bench is flanked by two tall corner cupboards. On the left, an arched opening suggests a thick dividing wall.

When we look at the drawing technique in more detail, the high density in hatching and tones is immediately striking, recalling nineteenth-century engravings of domestic interiors. Tessenow used this technique to depict both daylight and material expression in an attempt to capture what could be described as the *Stimmung*, or atmosphere, of the room.[4,5] He gave the wall with the three windows, drawn against the daylight, a dense horizontal shadow-hatching and used a mixed hatching to depict the texture of the perpendicular wall, which densifies where the shadow of the corner cupboard merges into it. By contrast, the tabletop, the ceiling, and the reveals and sills of the three windows are left completely blank,

1 See for an overview of Tessenow's work: Marco de Michelis, *Heinrich Tessenow 1876-1950: Das architektonische Gesamtwerk* (Stuttgart: Deutsche Verlags-Anstalt, 1991).

2 See, for example: Frederique van Andel, 'Kleinbürgerliches Wohnzimmer', in: Hans Teerds and Jurjen Zeinstra (eds.), *DASH Stijlkamers/ Interiors on Display* (Rotterdam: nai010, 2014), 96-99.

3 This early Tessenow project for seven terraced houses was published in: 'Unsere Vorlagen und Bilder', *Bautechnische Zeitschrift* 20 (1904), 154-159. See also: De Michelis, *Heinrich Tessenow*, op. cit. (note 1), 42-43, 160

4 See for the complex meaning of *Stimmung*: Dave Wellbery, 'Stimmung', in: Karlheinz Barck et al. (eds.), Ästhetische *Grundbegriffe* Band 5 (Stuttgart/Weimar: J.B. Metzler Verlag, 2003), 703-733.

5 See for the notion of atmosphere in relation to nineteenth-century domestic interiors: Stefan Muthesius, *The Poetic Home: Designing the 19th Century Domestic Interior* (New York: Thames & Hudson, 2009), 155-199.

Jurjen Zeinstra

De kamers en de dingen

Heinrich Tessenow's interieurperspectieven

De Duitse architect Heinrich Tessenow heeft een aantal invloedrijke gebouwen op zijn naam staan, maar zijn ware nalatenschap bestaat misschien wel uit de vele bijzondere perspectieftekeningen van huizen, tuinen en interieurs.[1] Het is zelfs zo dat foto's van uitgevoerd werk, vooral interieurs, vaak minder overtuigen dan de perspectieftekeningen die eraan voorafgingen.[2] Blijkbaar bezitten deze tekeningen een kwaliteit die verder gaat dan het eenvoudigweg weergeven van de uitgestalde artefacten. Met deze gedachte in het achterhoofd wil ik enkele van Tessenow's interieurperspectieven nauwkeuriger bekijken en een aantal vragen stellen. Moeten deze tekeningen niet zozeer geïnterpreteerd worden als illustraties bij bouwprojecten en meubelontwerpen, maar als onderdeel van een voortdurende zoektocht? Zo ja, kunnen we dan reconstrueren wat Tessenow in deze tekeningen heeft willen onderzoeken? En ten slotte, waarom blijven deze tekeningen architecten en ontwerpers nog steeds fascineren? Om deze vragen te kunnen beantwoorden, heb ik vier tekeningen van woonkamers geselecteerd, gemaakt tussen 1903 en 1913, die een vergelijkbare inrichting laten zien. Uit elke tekening wil ik één bepaald idee distilleren dat een bijzonder licht werpt op de ontwikkeling van Tessenow's werk in die tien jaar: achtereenvolgens *Stimmung, Abstraktion, Sachlichkeit* en *Gewöhnlichkeit.*

Stimmung

De eerste tekening toont een woonkamer van een eengezinswoning voor de lagere middenklasse.[3] Op een houten vloer staat een tafel met twee stoelen. Achter de tafel zien we drie kleine ramen met daaronder een vaste bank. De bank wordt geflankeerd door twee hoge hoekkasten. Aan de linkerzijde suggereert een boogvormige opening een dikke scheidingswand.

Als we nauwkeuriger naar de tekentechniek kijken, valt al snel de grote dichtheid aan grijstonen en arceringen op, wat doet denken aan negentiende-eeuwse gravures van huiselijke interieurs. Tessenow gebruikt deze techniek om zowel het daglicht als de materiële expressie weer te geven in een poging de *Stimmung* of atmosfeer van de kamer vast te leggen.[4, 5] Hij geeft de wand met de drie ramen, die in tegenlicht zijn afgebeeld, een dichte horizontale arcering om schaduw uit te drukken en gebruikt voor de wand die daar loodrecht op staat, een meer gemengde arcering om de textuur weer te geven. Deze arcering verdicht zich waar de schaduw van de hoekkast op de muur valt. Het tafelblad, het plafond en de neggen en dorpels van de drie vensters zijn daarentegen volledig wit gebleven, om hun rol als licht reflecterende oppervlakken aan te geven. Door gebruik te maken van verschillende grijstinten en arceringen kan Tessenow verschillende materialen en kleuren suggereren, zoals het donkere hout

1
Zie voor een overzicht van het oeuvre van Tessenow: Marco de Michelis, *Heinrich Tessenow 1876-1950: Das architektonische Gesamtwerk* (Stuttgart: Deutsche Verlags-Anstalt, 1991).

2
Zie bijv.: Frederique van Andel, 'Kleinbürgerliches Wohnzimmer' in: Hans Teerds en Jurjen Zeinstra (red.), *DASH Stijlkamers/ Interiors on Display* (Rotterdam: nai010, 2014), 96-99.

3
Dit vroege ontwerp van Tessenow voor zeven geschakelde woningen is gepubliceerd in: 'Unsere Vorlagen und Bilder', *Bautechnische Zeitschrift* 20 (1904), 154-159. Zie ook: De Michelis, *Heinrich Tessenow*, op. cit. (noot 1), 42-43, 160.

4
Zie voor de complexe betekenis van *Stimmung*: Dave Wellbery, 'Stimmung', in: Karlheinz Barck et al. (red.), Ästhetische *Grundbegriffe* Band 5 (Stuttgart/ Weimar: J.B. Metzler Verlag, 2003), 703-733.

5
Zie voor het begrip 'atmosfeer' in betrekking tot het negentiende-eeuwse woninginterieur: Stefan Muthesius, *The Poetic Home: Designing the 19th Century Domestic Interior* (New York: Thames & Hudson, 2009), 155-199.

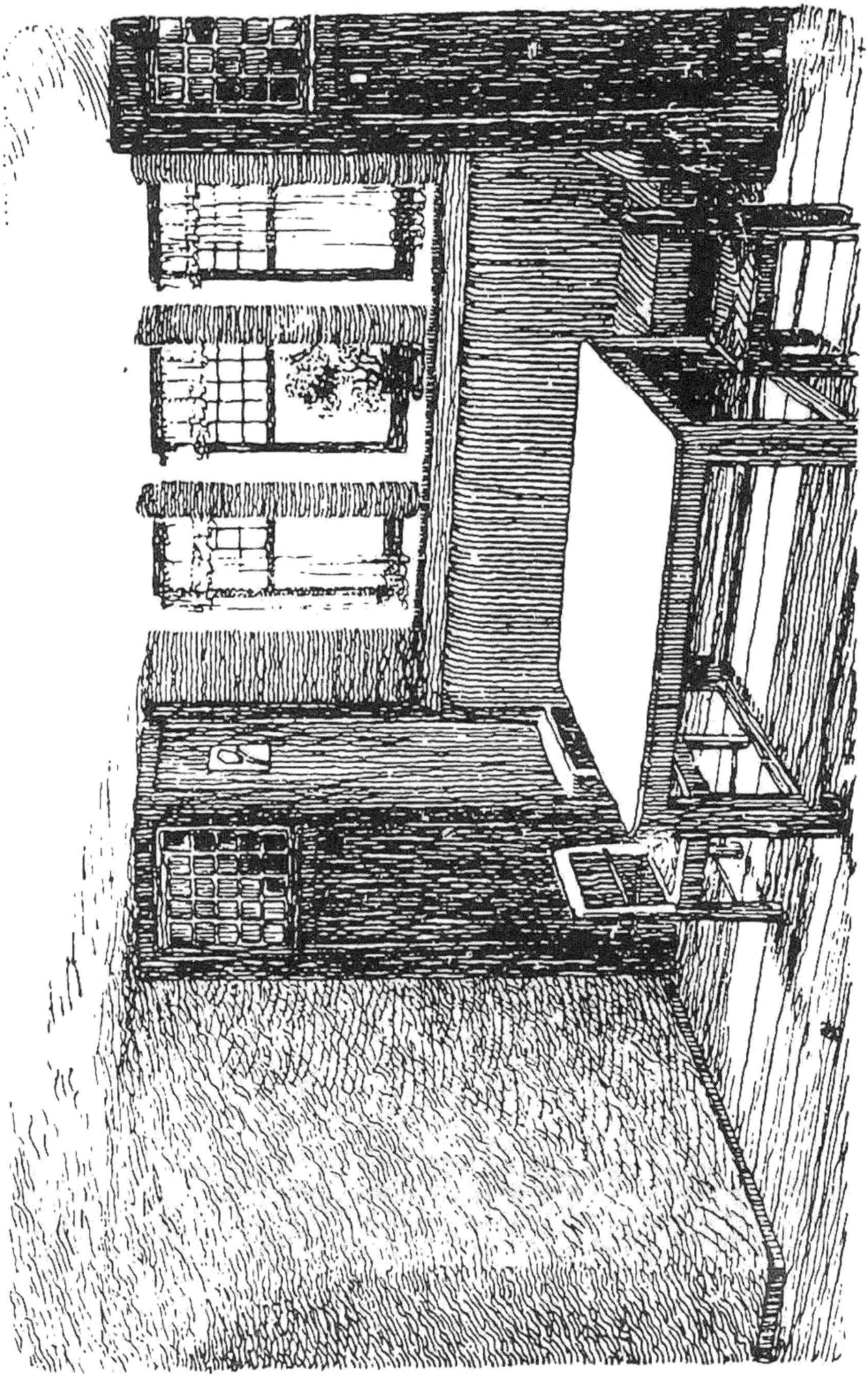

Heinrich Tessenow, living room/ woonkamer Haus VI, 1903

van de twee kasten, de ruwe pleisterlaag van de wand en de met verticale strepen gestoffeerde bank. De poging van Tessenow om *Stimmung* door middel van verschillende arceringen vast te leggen, heeft wel een prijs: de voorwerpen in de kamer, waaronder de stoelen, de bloempot in de vensterbank en het schilderijtje aan de zijkant van de kast, gaan bijna verloren in de ontelbare krasjes en streepjes.

Abstraktion

De perspectieftekening laat een hoek van een kamer zien in een viergezinswoning voor trambestuurders.[6] We zien een raam en een aantal meubelen, waaronder een bank, een tafel, een leunstoel, twee gewone stoelen, een voetenbankje en een hoekkast. Ook zijn losse voorwerpen te zien zoals een tafelkleed, een breimand, een lamp, een klok, een fruitschaal, twee spiegels, een schilderijtje, een vaste plant en een vaas. Deze tekening is een van de eersten in Tessenow's kenmerkende 'klare lijn'-stijl, waarbij alle schaduwen zijn verdwenen. In tegenstelling tot de tekening 'woonkamer *Haus VI*', waar een lichtbron en enkele verlichte vlakken oplichten uit de dichtheid van de achtergrond, lijkt het licht hier zowel overal als nergens te zijn, vanwege het volledig ontbreken van schaduwen. De begrenzingen van de ruimte, gevormd door de ontmoetingen van twee wanden en van wand en plafond, worden nu alleen nog maar aangegeven door lijnen. Verder zijn de oppervlakken van vloer, wanden en plafond wit gelaten, zodat alle aandacht wordt getrokken naar het raam, het meubilair en de losse voorwerpen.

De radicale omslag in Tessenow's manier van tekenen heeft een opmerkelijk effect op de ruimtebeleving en is nauw gerelateerd aan de plotselinge opkomst van de Jugendstil rond de eeuwwisseling. Zijn perspectieven vertonen duidelijke overeenkomsten met tekeningen van architecten als Joseph Olbrich en kunstenaars als Bruno Paul.[7] Hun tekeningen introduceerden een hoge mate van abstractie, door de afbeelding van het object te beperken tot de omtrek, materiële expressie te vermijden en te kiezen voor ongebruikelijke oogpunten of kijkhoeken. Deze nieuwe tekentrant, die rond de eeuwwisseling in veel tijdschriften opdook, had onmiddellijk effect op Duitse architecten, niet alleen vanwege de inhoud, maar ook vanwege de stijl van tekenen. En deze stijl, die Tessenow sterk beïnvloedde, introduceerde in zijn tekeningen een begrip dat ik *Abstraktion* zal noemen: abstractie als een extreme reductie van een gevestigde vormentaal.[8] Deze definitie verschilt van abstractie als een overwegend artistieke notie, die een volledige bevrijding van een mimetische inhoud of naturalistische vorm nastreeft. Hoewel Tessenow's *Abstraktion* direct zichtbaar is in de gebouwen en meubels die hij ontwierp, wordt het effect ervan vooral duidelijk in zijn perspectieftekeningen.

Sachlichkeit

De perspectieftekening toont een hoek van een woonkamer.[9] Voor een raam met gedrapeerde vitrage staat een leunstoel voor een bureautje waarop schrijfattributen liggen. Twee meubels flankeren het bureau: links een bijzettafel met daarop een boekenkast en rechts een ladekast met daarboven een spiegel. Verder zijn kleinere losse voorwerpen te zien: een kleed onder het bureautje, bloempotten in de vensterbank, een dagkalender naast het raam, diverse schilderijtjes op de muur achter de stoel en een viskom op de ladekast.

> p. 3
Heinrich Tessenow, living room/ woonkamer *Schaffnerwohnungen*, Trier, 1907

6
Een van de eerste uitgevoerde woningbouwplannen van Tessenow, verwoest in 1944. Zie: 'Kleinbürgerwohnungen: Schaffnerwohnungen des städtischen Elektrizitätswerkes in Trier', in: *Süddeutsche Bauhütte* IX (1910), 393-400. Zie ook: De Michelis, *Heinrich Tessenow*, op. cit. (noot 1), 180-181.

7
Zie: Winfried Nerdinger (red.), *Der Architekturzeichnung: Vom barocken Idealplan zur Axonometrie* (München: Prestel-Verlag, 1986); Gabriele Sterner, *Jugendstil: Kunstformen zwischen Individualismus und Massengesellschaft* (Keulen: Dumont Buchverlag, 1975).

8
Zie: Nina Sontag, *Einfühling und Abstraktion: Ästhetisches Erleben in der Theaterarchitektur um 1900* (Berlijn: Jovis Verlag, 2015), 24-25.

9
De datering van de tekening, oorspronkelijk gepubliceerd in *Profanbau* (1919), 91, is onduidelijk. Van Andel dateert de tekening op 1911, Waltraud Strey schrijft 'ca. 1913' in haar catalogus-omschrijving, terwijl Marco de Michelis 1917 suggereert en de tekening koppelt aan de *Kriegersiedlung* Rähnitz. Zie: Van Andel, 'Kleinbürgerliches Wohnzimmer', op. cit. (noot 2), 97; De Michelis, *Heinrich Tessenow*, op. cit. (noot 1), 69; Waltraud Strey, *Die Zeichnungen von Heinrich Tessenow: Der Bestand in der Kunstbibliothek Berlin* (Berlijn: Dietrich Reimer Verlag, 1981), 47.

indicating their role as light-reflecting surfaces. By using these different tones and hatchings, Tessenow was able to suggest a variety of materials and colours, such as the dark wood of the two cupboards, the rough render finish on the wall, and the vertically striped fabric of the bench. However, Tessenow's attempt to capture the *Stimmung* in the various hatchings does come at a price: the objects in the room, including the chairs, the flowerpot in the windowsill and the picture on the side of the cupboard, almost fade away in the myriad of little scratches and dashes.

Abstraktion

The perspective shows a corner of a room in a four-family house for tram conductors.[6] We see a window and a few pieces of furniture, including a bench, a table, an easy chair, two regular chairs, a footstool and a cupboard in the corner. It also depicts loose furnishing such as a tablecloth, a knitting basket, a lamp, a clock, a fruit bowl, two mirrors, a picture, a plant in a pot and a vase. This drawing marks one of the earliest in Tessenow's characteristic 'clear-line' style, where all shadows have disappeared. Unlike the drawing 'living room *Haus VI*', where a light source and a few illuminated surfaces lighten up in the dense background, here the light seems to be both omnipresent and absent at the same time, because of the complete lack of shadows. The delineations of the room, formed by the edges where two walls and a wall and ceiling meet, are now only indicated by lines. Furthermore, the surfaces of floor, walls and ceiling are left blank, so that all attention is drawn to the window, the furniture and the loose furnishings.

The radical change in Tessenow's way of drawing has a remarkable effect on the perception of space and is closely linked to the sudden rise of Jugendstil around the turn of the century. His perspectives show clear similarities to drawings by architects such as Joseph Olbrich and artists such as Bruno Paul.[7] Their drawings introduced a high degree of abstraction by restricting the depiction of the object to its outline alone, avoiding any material expression, and choosing unusual viewpoints or angles. Appearing in many magazines at the turn of the century, these new drawings had an immediate effect on German architects, because of their content but also because of the new style of drawing. This style deeply influenced Tessenow and introduced in his drawings a notion that I refer to as *Abstraktion*: abstraction as an extreme reduction of an established formal language.[8] This definition differs from abstraction considered as a predominantly artistic notion, which seeks a complete liberation from a mimetic content or naturalistic form. Although Tessenow's *Abstraktion* is immediately visible in the buildings and furniture pieces he designed, its effects becomes particularly clear in his perspective drawings.

Sachlichkeit

The perspective shows a corner of a living room.[9] In front of a window with draped net curtains, there is an armchair in front of a small desk with writing materials. Two pieces of furniture flank the desk: on the left, a side table with a bookcase on it, and on the right a low

6
One of the first realised housing projects by Tessenow, destroyed in 1944. See: 'Kleinbürgerwohnungen: Schaffnerwohnungen des städtischen Elektrizitätswerkes in Trier', in: *Süddeutsche Bauhütte* IX (1910), 393-400. See also: De Michelis, *Heinrich Tessenow*, op. cit. (note 1), 180-181.

7
See: Winfried Nerdinger (ed.), *Der Architekturzeichnung: Vom barocken Idealplan zur Axonometrie* (Munich: Prestel-Verlag, 1986); Gabriele Sterner, *Jugendstil: Kunstformen zwischen Individualismus und Massengesellschaft* (Cologne: Dumont Buchverlag, 1975).

8
See: Nina Sontag, *Einfühling und Abstraktion:* Ästhetisches *Erleben in der Theaterarchitektur um 1900* (Berlin: Jovis Verlag, 2015), 24-25.

9
The dating of the drawing, originally published in *Profanbau* (1919), 91, is unclear. Van Andel dates the drawing 1911, Waltraud Strey writes 'ca. 1913' in her catalogue-description, while Marco de Michelis suggests 1917 and relates it to the *Kriegersiedlung* Rähnitz. See: Van Andel, 'Kleinbürgeliches Wohnzimmer', op. cit. (note 2), 97; De Michelis, *Heinrich Tessenow*, op. cit. (note 1), 69; Waltraud Strey, *Die Zeichnungen von Heinrich Tessenow: Der Bestand in der Kunstbibliothek Berlin* (Berlin: Dietrich Reimer Verlag, 1981), 47.

Heinrich Tessenow, living room/ woonkamer, ca. 1911

Heinrich Tessenow, living room/ woonkamer, Hohensalza, 1911

dresser with a mirror above it. Smaller furnishings are added to this scene: a carpet under the desk, flowerpots on the window sill, a day calendar next to the window, various pictures on the wall behind the chair and a fishbowl on the dresser.

In this drawing, the delineations of the room have disappeared completely, creating the impression that the space dissolves and somehow hides between the objects that have come to the fore. Interestingly, the missing delineations give us a stronger awareness of the space of this room: subconsciously, we tend to fill in the missing lines. Similar to the 'living room *Schaffnerwohnungen*', this drawing shows how the clarity of *Abstraktion* has now displaced attempts to capture *Stimmung* by drawing shadows, daylight and material expression. And as a consequence, the dominance of *Abstraktion* reinforces the awareness of the *Sachen* or objects in the living room: a concern for *Sachlichkeit*, so to say, in its most literal meaning of thing-like-ness.[10] The *Sachlichkeit* of this room unites furniture pieces, building elements such as the window, and all other things related to the domestic sphere, in clear and carefully drawn outlines.

Tessenow hardly ever draws human figures in his perspectives. Similar to how, paradoxically, the dissolution of the delineations of the room reinforces the spatial impression of the room, the absence of the human figure strengthens the suggestion of use and inhabitation. Both these absences could be seen as a form of abstraction, as countering a figuration of both the inhabitant and the space in order to 'make room' for the real protagonists: the *gewöhnliche* or ordinary things.[11]

Gewöhnlichkeit

This room belongs to a single-family row house for a garden city in Hohensalza.[12] We see in the drawing a fixed bench, with an armrest and cushion just visible near the corner of the room, positioned under a window with a potted plant on the sill. In front of the bench, there is a table with a tablecloth and two matted chairs. On one of the walls a picture is hanging and part of a single sideboard is just visible, with a small book lying on it.

There is an important difference in the perspectival construction between this drawing and the previous three, where the viewer observed the furniture from a bit of a distance, creating a somewhat static impression. In this drawing, however, the viewer is immediately drawn into a more dynamic setting. By moving the viewpoint closer to the scene, Tessenow transforms the viewer from a distant observer into an active participant. The position of furniture in the room contributes to this change. The chair in the foreground has been pulled out, almost inviting the viewer to take a seat. This reinforces the impression of daily use, of *wohnen* and *Wohnlichkeit*, German words with strong etymological links to the word *Gewöhnlichkeit* (ordinariness).[13] In the drawing of the Hohensalza living room, Tessenow frees the objects in the room from any artistic pretentions and no longer seems to make an attempt to submit them to a severe visual coordination, let alone to some sort of a *Gesamtkunstwerk*.

10
See for an introduction to *Sachlichkeit*: Harry Francis Mallgrave (ed.), *Otto Wagner: Reflections on the Raiment of Modernity* (Santa Monica: Getty Center for the History of Art and the Humanities, 1993), 281-362.

11
The etymological links between the German words *gewöhnlich* and *wohnlich* (comfortable, homely, cosy) are also described by Tessenow in 'Unsere Wohnung', *Nachlaßheft* XXI, quoted in Otto Kindt (ed.), *Heinrich Tessenow, Geschriebenes: Gedanken eines Baumeisters* (Braunschweig/Wiesbaden: Vieweg Verlag, 1982), 16.

12
Today this Polish town is called Inowroclaw. The German name 'Hohensalza' was only used between 1904 and 1920 and between 1939 and 1945. See for an overview of this project: Albrecht Haupt, 'Heinrich Tessenow', in: *Neudeutsche Bauzeitung* XIII/11-12 (1917), 41-46; De Michelis, *Heinrich Tessenow*, op. cit. (note 1), 226-228.

13
In the German language the close connection between *wohnen* (dwelling or living) and *gewöhnen* (getting used to) is clear. *Gewohnheit* (habit) is everything a person has done so often that he or she does it mechanically and without a clear awareness. The related word *Gewöhnlichen* (the usual) points at everything that we are *used* to do or observe, or that happens regularly. As an adjective, the word *gewöhnlich* has a negative connotation and points at the common, the insignificant, the unsightly, as opposed to the uncommon, the significant, the sightly. See: Johann August Eberhard and Otto Lyon (eds.), *Synomymisches Handwörterbuch der deutschen Sprache* (Leipzig: Th. Grieben's Verlag, 1904), 520-521.

In deze tekening zijn de begrenzingen van de kamer volledig verdwenen, waardoor het lijkt alsof de ruimte oplost en zich op de een of andere manier schuilhoudt tussen de voorwerpen die zich naar de voorgrond hebben gedrongen. Interessant is dat de ontbrekende begrenzingen ons juist meer bewust maken van de ruimte van deze kamer: onbewust vullen we de ontbrekende lijnen in. Net als de 'woonkamer *Schaffnerwohnungen*' laat deze tekening zien hoe de helderheid van *Abstraktion* de pogingen om *Stimmung* vast te leggen door het tekenen van schaduwen, daglicht en materiële expressie heeft verdrongen. En daarmee versterkt de dominantie van *Abstraktion* het bewustzijn voor *Sachen* of objecten in de woonkamer: een zorg voor *Sachlichkeit*, in haar meest letterlijke betekenis van zaak- of ding-lijk-heid.[10] De *Sachlichkeit* van deze kamer verenigt meubels, elementen, zoals het raam en alle andere zaken die verband houden met het woninginterieur, in duidelijke en zorgvuldig getekende contouren.

Tessenow tekent bijna nooit menselijke figuren in zijn perspectieven. Zoals, paradoxaal genoeg, het verdwijnen van de begrenzingen juist de ruimtelijke indruk van de kamer benadrukt, zo versterkt de afwezigheid van een menselijke figuur juist de suggestie van gebruik en bewoning. Beide absenties kunnen gezien worden als een vorm van abstractie, als het tegengaan van een figuratie van zowel de bewoner als de ruimte, om zo plaats te maken voor de echte protagonisten: de *gewöhnliche* of alledaagse dingen.[11]

Gewöhnlichkeit

Deze kamer behoort tot een rijtjeswoning voor een tuinstad in Hohensalza.[12] We zien op de tekening een vaste bank, waarbij de armleuning en een kussen nog net zichtbaar zijn in de hoek van de kamer. De bank is geplaatst onder een vensterbank met een vaste plant. Voor de bank staat een tafel met een tafelkleed en twee stoelen met rieten zitting. Aan een van de muren hangt een schilderijtje en daarnaast is nog net zichtbaar een deel van een dressoir, waarop een boekje ligt.

Er is een belangrijk verschil in de perspectief-constructie tussen deze tekening en de vorige drie, waar de kijker de meubels van een zekere afstand observeerde, wat een meer statische indruk wekte. In deze tekening daarentegen, wordt de toeschouwer onmiddellijk in een meer dynamische scène getrokken. Door het oogpunt dichterbij te brengen, verandert Tessenow de toeschouwer van een afstandelijke beschouwer in een actieve deelnemer. De plaatsing van het meubilair in de kamer draagt bij aan deze verandering. De stoel in de voorgrond is onder de tafel uit getrokken, waardoor men bijna wordt uitgenodigd om plaats te nemen. Dit versterkt de indruk van dagelijks gebruik, van *wohnen* en *Wohnlichkeit*, Duitse woorden met sterke etymologische verbanden met het woord *Gewöhnlichkeit* (alledaagsheid).[13] In de tekening van de Hohensalza-woonkamer heeft Tessenow de voorwerpen in de kamer bevrijd van alle artistieke pretenties en lijkt hij niet langer een poging te doen om ze te onderwerpen aan een strenge visuele coördinatie, laat staan aan een soort *Gesamtkunstwerk*.

Hier lijkt elk object zijn *gewöhnliche* essentie te tonen, afgeleid uit een sterke, anonieme volkstraditie.[14] Voor Tessenow maakt de *Abstraktion* van de tekening het mogelijk om de conservatieve tendensen binnen die traditie te overwinnen en uit elk object een a-historische essentie te distilleren, en zo de weg vrij te maken voor een modernistische benadering van het woninginterieur.

10
Zie voor een inleiding op *Sachlichkeit*: Harry Francis Mallgrave (red.), *Otto Wagner: Reflections on the Raiment of Modernity* (Santa Monica: Getty Center for the History of Art and the Humanities, 1993), 281-362.

11
De etymologische verbindingen tussen de Duitse woorden *gewöhnlich* en *wohnlich* (comfortabel, huiselijk, gezellig) zijn ook door Tessenow beschreven in 'Unsere Wohnung', *Nachlaßheft* XXI, aangehaald in: Otto Kindt (red.), *Heinrich Tessenow*, Geschriebenes*: Gedanken eines Baumeisters* (Braunschweig/Wiesbaden: Vieweg Verlag, 1982), 16.

12
De huidige naam van deze Poolse stad is Inowroclaw. De Duitse naam 'Hohensalza' is alleen gebruikt tussen 1904-1920 en tussen 1939-1945. Zie voor een overzicht van dit project: Albrecht Haupt, 'Heinrich Tessenow' in: *Neudeutsche Bauzeitung* XIII/11-12 (1917), 41-46; De Michelis, *Heinrich Tessenow*, op. cit. (noot 1), 226-228.

13
In de Duitse taal is de nauwe verbinding tussen *wohnen* (wonen) en *gewöhnen* (wennen, gewoon worden) duidelijk. *Gewohnheit* (gewoonte) is alles wat iemand zo vaak heeft gedaan dat het een automatische of onbewuste handeling wordt. Het verwante woord *Gewöhnlichen* (het gebruikelijke) verwijst naar alles wat we gewoon zijn te doen of gewaarworden of dat regelmatig plaatsvindt. Als bijvoeglijk naamwoord heeft het woord *gewöhnlich* een negatieve connotatie gekregen en verwijst naar het gewone, het onbetekenende, het onooglijke in tegenstelling tot het ongewone, het veelbetekenende, het ooglijke. Zie: Johann August Eberhard en Otto Lyon (red.), *Synonymisches Handwörterbuch der deutschen Sprache* (Leipzig: Th. Grieben's Verlag, 1904), 520-521.

14
Alina Payne formuleert het aldus: 'For modernists . . . [the folk object] was relevant for its ahistorical qualities: it existed outside style and was a keeper of some permanent characteristic that was eternally valid rather than only cultural specific.' Alina Payne, *From Ornament to Object: Genealogies of Architectural Modernism* (New Haven/Londen: Yale University Press, 2012), 138.

Here, every object seems to show its *gewöhnliche* essence, drawn out of a strong, anonymous folk tradition.[14] For Tessenow, the *Abstraktion* of the drawing makes it possible to overcome the conservative strains in such a tradition and distil an ahistorical essence out of each object, thus opening the way to a modernist approach to the domestic interior.

By analysing four perspective drawings of living rooms, I have tried to show and argue how, in just a few years, Tessenow moved from a technique that focussed on representing *Stimmung* to one that highlighted *Abstraktion* and evoked *Sachlichkeit.* Instead of following the artistic consequences of a radical abstraction to the *Sachlichkeit* that would dominate architecture in the following decades, Tessenow restrained himself and explored in his drawings a *gewöhnliche* thread that moved away from a primarily artistic concern. At the same time, his continuous engagement with *Abstraktion* and *Sachlichkeit* prevented him from moving from *Gewöhnlichkeit* to a nostalgic traditionalism. His perspective drawings have maintained an openness by focussing on 'das Einfach-Wesentliche' (the basic-essential), leaving enough room for imaginative interpretation by continuously new generations of architects.[15] And perhaps there lies the answer to the question why Tessenow's drawings remain so relevant for contemporary architectural practice.[16]

14
To quote Alina Payne on this: 'For modernists . . . [the folk object] was relevant for its ahistorical qualities: it existed outside style and was a keeper of some permanent characteristic that was eternally valid rather than only cultural specific.' Alina Payne, *From Ornament to Object: Genealogies of Architectural Modernism* (New Haven/London: Yale University Press, 2012), 138.

15
See for *das Einfach-Wesentliche*: Heinrich Tessenow and Theodor Böll (eds.), *Hausbau und dergleichen: Heinrich Tessenow Gesamtausgabe,* Band 2 (Weimar/Rostock: Grünberg Verlag, 2011), 25.

16
See: Jurjen Zeinstra, *Teachings of Tessenow: Contemporary Relevance of an Architectural Oeuvre* (Delft: Delft University Press, 2018).

Door vier perspectieftekeningen van woonkamers te analyseren, heb ik geprobeerd te laten zien en te betogen hoe Tessenow in een paar jaar tijd overgaat van een tekenwijze die zich richt op het weergeven van *Stimmung* naar een die *Abstraktion* benadrukt en *Sachlichkeit* oproept. In plaats van zich te laten leiden door de artistieke gevolgen van een radicale abstractie van *Sachlichkeit*, die de architectuur in de komende decennia zal domineren, stelt Tessenow zich terughoudend op en verkent hij in zijn tekeningen een *gewöhnlich* spoor dat zich losmaakt van een hoofdzakelijk artistieke betrokkenheid. Tegelijkertijd voorkomt zijn voortdurende betrokkenheid met *Abstraktion* en *Sachlichkeit* dat hij van *Gewöhnlichkeit* naar een nostalgisch traditionalisme beweegt. Zijn perspectieftekeningen behouden hun openheid door zich te richten op 'das Einfach-Wesentliche' (het eenvoudig-wezenlijke), waardoor er genoeg ruimte is voor verbeelding en interpretatie door steeds nieuwe generaties architecten.[15] En misschien ligt daar het antwoord op de vraag waarom Tessenow's tekeningen zo relevant blijven voor de hedendaagse architectuurpraktijk.[16]

15
Zie voor *das Einfach-Wesentliche*: Heinrich Tessenow en Theodor Böll (red.), *Hausbau und dergleichen: Heinrich Tessenow Gesamtausgabe,* Band 2 (Weimar/Rostock: Grünberg Verlag, 2011), 25.

16
Zie: Jurjen Zeinstra, *Teachings of Tessenow. Contemporary Relevance of an Architectural Oeuvre* (Delft: Delft University Press, 2018).

Francesco Marullo

Drawing Estrangement

While staring at Josef Albers's *Structural Constellations,* it is inevitable to realise the impossibility of 'consuming' them, of taking something out of their perfectly balanced economy: a detail, a story or an overall meaning. Instead, they force us to question what we are looking at, distancing rather than involving us in their internal dispute and rotation, making us aware of the anomalies disturbing our perceptual automatisms.[1]

The drawings seem removed from everything, embraced in a dialogue between two antithetical voices with no hierarchies, no leading motives, no lights, no shadows, no gravity, no materiality, no density, no colour expressions, no vanishing points, no signatures, nothing to immediately seize except the bliss, or the discomfort, of pure ambiguity. Equal but opposite geometrical figures are shown in bipolar axonometric projections from reversed directions, constructing an impression of three-dimensionality: a double, reversible axonometry wriggling within the total flatness of the paper through continuous optical recessions and exposures, fullness and emptiness. Each form is embedded in the composition so that 'nothing of any kind may remain *unused*; otherwise, the calculation is wrong. Because *chance* has played a role. Nobody is responsible for chance, and thus chance is irresponsible, not to mention *mindless,* because it arises out of habit'.[2]

Albers (1888-1976) elaborated the *Constellations* while teaching at the Department of Design at Yale University from 1950 to 1958, first connecting dots and lines with a ballpoint pen on a small graph-paper notebook, and later retracing them with pencil and ruler on larger supports. The drawings display three-dimensional volumes through two-dimensional lines, evoking imaginary receding depths or protruding elevations, eroding any conventional reference point, multiplying the possibilities of interpretation, almost liberating the drawing from the encumbering presence of authorship. 'Movements are not confined to one direction only, but interchange. Solid volume shifts to open space and open space to volume,' writes Albers. 'Thus, we cannot remain in a single viewpoint, we need more for the sake of free vision.'[3]

The *Structural Constellations* do not illustrate anything but challenge and dismantle our habitual observation of the world. Rather than presenting solutions or accomplished facts, they induce doubts and sharpen criticism. Through their austere indifference, they teach us again and again how to see and acknowledge ourselves as becoming living beings, suddenly revealing the vast interiorized territory of our unconscious. Relevant is not so much what is *in* the drawings, but what they can produce in our minds. They oscillate between inspection and imagination, illusion and deception, affirmation and denial, making the ordinary unfamiliar and finding wonders in the consuetudinary.

1
Josef Albers, *Despite Straight Lines,* edited byFrançois Bucher (New Haven/London: Yale University Press, 1961).

2
Josef Albers, 'Werklicher Formunterricht', *Bauhaus Zeitschrift für Gestaltung* 2/2-3 (1928), 3-7.

3
Albers, *Despite Straight Lines,* op. cit. (note 1), 11.

Francesco Marullo

Getekende vervreemding

Wie naar Josef Albers' *Structural Constellations* kijkt, kan niet anders dan zich realiseren dat het onmogelijk is om ze te 'consumeren', om ook maar iets af te leiden uit hun perfect uitgebalanceerde economie: een detail, een verhaal of een algemene betekenis. In plaats daarvan dwingen ze ons om ons af te vragen waar we naar kijken, en scheppen ze eerder afstand dan dat ze ons betrekken bij hun interne contradicties en rotaties. Ze maken ons bewust van de anomalieën waaraan ons perceptuele automatisme onderhevig is.[1]

De tekeningen lijken ver weg van alles, verstrengeld in een dialoog tussen twee antithetische stemmen. Er is geen hiërarchie, geen leidend motief, geen licht, geen schaduw, geen zwaartekracht, geen materialiteit, geen dichtheid, geen kleur, geen verdwijnpunt en geen signatuur. Er valt niets onmiddellijk te begrijpen, behalve het genoegen of het ongemak van pure ambiguïteit. Gelijke maar tegengestelde geometrische figuren worden afgebeeld in bipolaire axonometrische projecties vanuit tegenovergestelde richtingen. Dit wekt een indruk van driedimensionaliteit: een dubbele, omkeerbare axonometrie die over de totale vlakheid van het papier kronkelt via een ononderbroken optisch verbergen en onthullen, via volheid en leegte. Elke vorm is ingebed in de compositie zodat 'niets van welke aard dan ook *onbenut* blijft, want anders is de berekening fout. Want het *toeval* heeft een rol gespeeld. Niemand is verantwoordelijk voor het toeval, en dus is het toeval onverantwoordelijk, *stompzinnig* zelfs, omdat het ontstaat uit gewoonte'.[2]

Albers (1888-1976) ontwikkelde de *Constellations* terwijl hij tussen 1950 en 1958 lesgaf aan de afdeling Design van de universiteit van Yale. Eerst tekende hij de stippen en lijnen met een balpen in een klein notitieboekje met millimeterpapier en verbond ze met elkaar; later bracht hij ze met potlood en liniaal over op grotere dragers. De tekeningen tonen driedimensionale volumes door middel van tweedimensionale lijnen, verbeelden denkbeeldige terugwijkende diepten of uitstekende verhogingen, en hollen elk conventioneel referentiepunt uit, vermenigvuldigen de interpretatiemogelijkheden en bevrijden de tekening zo bijna van de lastige aanwezigheid van het auteurschap. 'Bewegingen blijven niet beperkt tot een enkele richting, maar wisselen. Massieve volumes veranderen in open ruimten en open ruimten in volumes,' schrijft Albers, 'We kunnen het dus niet bij één standpunt laten, we hebben er meer nodig om vrijelijk te kunnen zien.'[3]

De *Structural Constellations* illustreren niets, maar provoceren en ontmantelen de gebruikelijke manier waarop we naar de wereld kijken. In plaats van oplossingen of voldongen feiten te presenteren, roepen ze twijfels op en scherpen ze kritiek aan. Door hun strenge onverschilligheid leren ze ons steeds opnieuw hoe we onszelf als veranderlijke levende wezens kunnen zien, en zo erkennen en onthullen ze plotseling het uitgestrekte verinnerlijkt gebied van ons onbewuste. Het gaat niet zozeer om wat er op de tekeningen staat, maar om wat ze in onze geest teweeg kunnen brengen. Ze schommelen tussen inspectie en verbeelding, illusie

1
Josef Albers, *Despite Straight Lines*, geredigeerd door François Bucher (New Haven/ Londen: Yale University Press, 1961).

2
Josef Albers, 'Werklicher Formunterricht', *Bauhaus Zeitschrift für Gestaltung* 2/2-3 (1928), 3-7.

3
Albers, *Despite Straight Lines*, op. cit. (noot 1), 11.

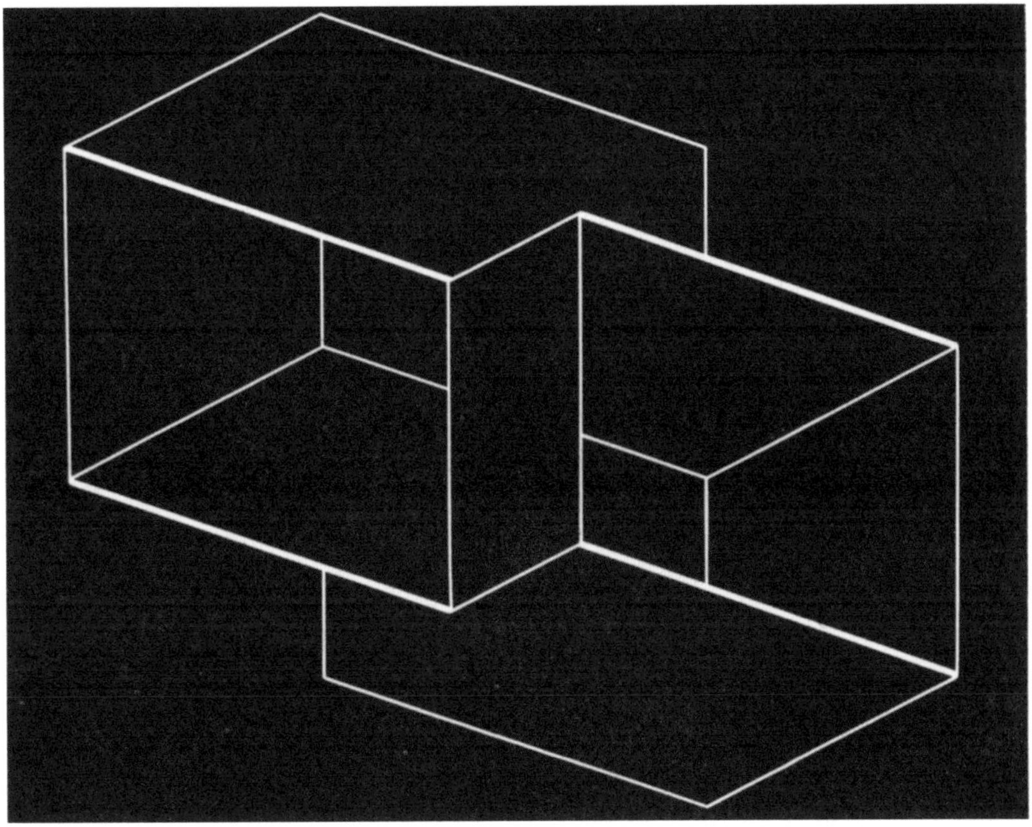

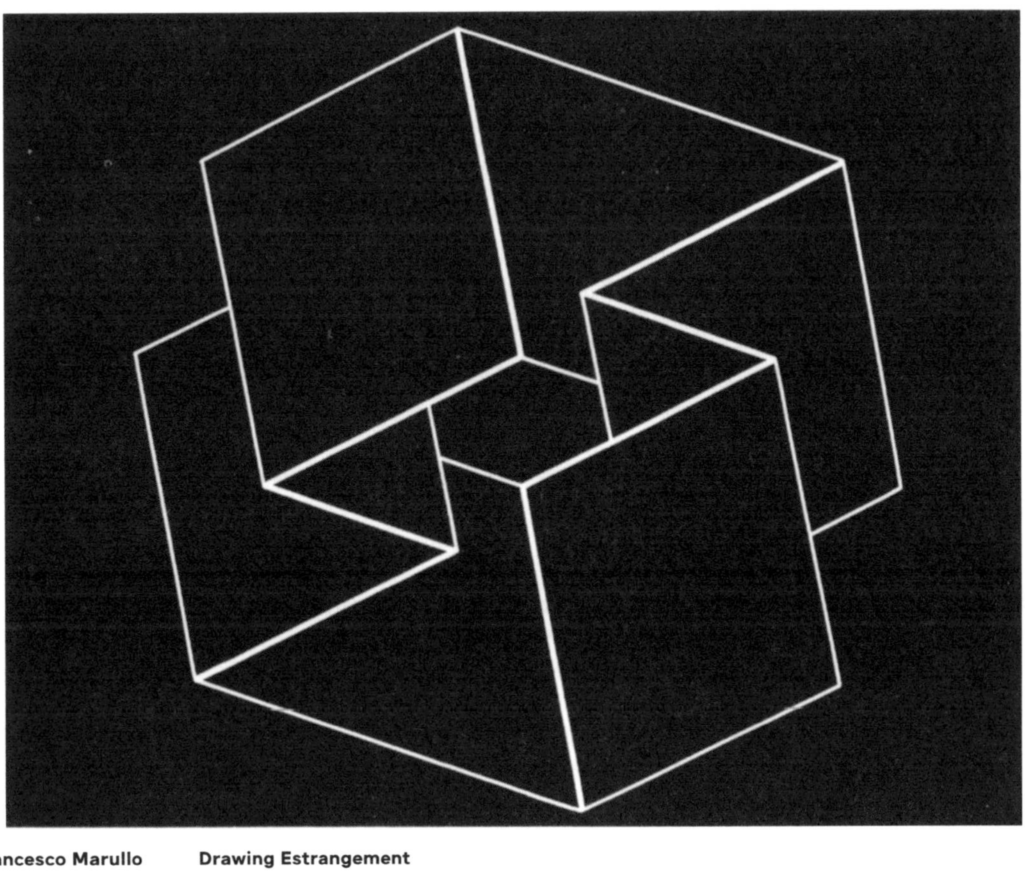

Joseph Albers, *Structural Constellation*, machine engraving on black vinyl mounted on board/ mechanische gravure op zwart vinyl, gemonteerd op plaat, ca. 1954

en bedrog, bevestiging en ontkenning. Zo vervreemden ze het gewone en vinden ze het wonderbaarlijke in het alledaagse.

Albers' tekeningen suggereren dat de verdienste van een axonometrisch systeem niet alleen schuilt in de objectiviteit of nauwkeurigheid ervan, maar ook in de dubbelzinnigheid die het introduceert tussen de kijker en de abstracte werkelijkheid die zich in het systeem ontvouwt: in het vermogen om het zelfbewustzijn te stimuleren door de vervreemding die ontstaat als we van een onoverbrugbare afstand naar de wereld kijken. De axonometrie is allesbehalve een louter illustratief instrument; zij *produceert* ruimte en voorziet niet alleen in een beperkt gebied voor waar activiteit kan plaatsvinden, maar reikt ook alternatieve manieren aan om dat gebied te reconceptualiseren of om ons erin te gedragen.

Albrecht Dürer, The Draughtsman of the Lute, woodcut, 17th-century/
de tekenaar van een luit, zeventiende eeuw

In het begin van de jaren 1980 deed zowel Yve-Alain Bois als Massimo Scolari een poging een beknopte geschiedenis van de axonometrische representatie te schrijven. Hiermee toonden ze aan dat de parallelle projectie geen moderne uitvinding was, maar al sinds de vierde eeuw v.Chr. een grillige evolutie doormaakt, als reactie op de dominante rol van het perspectieftekenen in de architectuur.[4]

In tegenstelling tot het lineaire perspectief, dat de wereld weergeeft zoals die zich voordoet aan een onbeweeglijke waarnemer vanuit een specifieke positie, werkt de axonometrie vanuit een niet-menselijk gezichtspunt dat is geconstrueerd aan de hand van parallelle stralen, die van en naar een oneindige dimensie worden geprojecteerd. Perspectief verzoent de menselijke maat met een geïdealiseerde omgeving door vanuit een centrum van projectie een reeks proportionele overeenkomsten te introduceren – zoals de draden die uit een oogje worden getrokken in Albrecht Dürer's demonstraties. Omgekeerd vervreemdt de axonometrie de toeschouwer van dit centrum, door de menselijke maat te negeren en de wereld in haar volumetrische complexiteit weer te geven, wat hinderlijke effecten heeft op de menselijke waarneming.

De axonometrie vervangt het antropocentrisme van het menselijk oog – dat van de keizer, de paus, de veroveraar, de burger, de schilder of de architect – door de onpersoonlijke objectiviteit van een anonieme entiteit – het zonlicht of een godheid, de technologie of een territorium, marktmechanismen of logistiek, parametrische data of statistieken. Ze is nauwkeurig en specifiek zonder dat de samenhang van het bredere geheel teloorgaat, en ze benadert zowel het oneindig kleine als het kolossaal grote onpartijdig en afstandelijk: ze geeft mensen, gebouwen, bergen, rivieren, infrastructuur en machines met dezelfde chirurgische precisie en net zo gedetailleerd weer als de traditionele Chinese landschapsrollen.[5]

Albers deelde zijn obsessie voor de axonometrie met zijn oude vriend en Bauhaus-collega El Lissitzky (1890-1941), die in 1925 zijn artikel-cum-manifest 'K. und Pangeometrie' wijdde aan de ontwikkeling van de parallelle projectie en de geleidelijke erosie van het lineaire perspectief, te beginnen met de impressionistische ontdekking van het licht en later aangejaagd door de kubistische versplintering van objecten, de dynamische perceptie van het futurisme en de kleurencompositie van het neoplasticisme.

Het suprematisme heeft dit traject verder versneld door de top van de perspectivische visuele kegel naar de oneindigheid te openen en de hiërarchische ruimte ervan om te zetten in een bundel parallelle lijnen of, met andere woorden, in een axonometrische ruimte, zoals te zien is op de

4
Yve-Alain Bois, 'Metamorphosis of Axonometry', *Daidalos* 1 (1981), 40-58; Massimo Scolari, 'Elements for a History of Axonometry', *Casabella* 500 (1984), 42-49.

5
Ik verwijs hier specifiek naar rollen drie en zeven van 'De Zuidelijke inspectiereis van de Kangxi keizer', die door Wang Hui (1632-1717) en zijn assistenten zijn geschilderd voordat het westerse perspectief in de Chinese kunst werd geïntroduceerd. Zie: David Hockney's documentaire *A Day on the Grand Canal with the Emperor of China or: Surface Is Illusion But So Is Depth* (regie Philip Haas, 1988), en Massimo Scolari, 'The Jesuit Perspective in China', in: Massimo Scolari, *Oblique Drawing: A History of Anti-Perspective* (Cambridge, MA: MIT Press, 2012), 340-357.

Albers's drawings suggest that the virtue of an axonometric system does not rely solely on its objectivity or accuracy, but instead on the ambiguity it introduces between a viewing subject and the abstract reality it unfolds: on its capacity of stimulating self-consciousness through estrangement, looking at the world from an unsolvable distance. Far from being a mere illustrative tool, axonometry *produces* space, predisposing not just a measured ground for life to occur, but also suggesting alternative ways of reconceptualising it or behaving in it.

In the early 1980s, Yve-Alain Bois and Massimo Scolari attempted to trace a concise history of the axonometric representation, demonstrating that the parallel projection was not a modern invention, but evolved in a non-linear course since the fourth century BCE vis-à-vis the hegemonic role of the perspective in architecture.[4]

Unlike linear perspective, which represents the world as it appears to an immobile observer from a specific position, axonometry operates through a non-human viewpoint, constructed with streams of parallel rays projected from and to an infinite dimension. Perspective reconciles the human scale to an idealized surrounding, weaving a series of proportional correspondences with a centre of projection – as the threads pulled from an eyelet in Albrecht Dürer's demonstrations. Conversely, axonometry relegates the observer to an estranged position, ignoring the human scale and rendering the world in its volumetric encumbrance, with uncomfortable effects on the human perception.

4 Yve-Alain Bois, 'Metamorphosis of Axonometry', *Daidalos* 1 (1981), 40-58; Massimo Scolari, 'Elements for a History of Axonometry', *Casabella* 500 (1984), 42-49.

Wang Hui, The Kangxi Emperor's Southern Inspection Tour, scroll 3: Ji'nan to Mount Tai; handscroll; ink, color on silk/
Keizer Kangxi op inspectiereis in het zuiden, rol 3: van Ji'nan naar de berg Tai, handgemaakte rol: inkt, kleur op zijde (ca. 1698)

diagrammen bij dit essay. De verschuiving van de eindige wereld van perspectivische kaders naar de openheid van de parallelle projectie en de 'blauwe lampenkap van het firmament' voorbij het beeldvlak, effende voor Lissitzky de weg naar de kunst als een zuivere 'kristallisatie van het menselijk denken'. Geleid door de herontdekking van de irrationele getallen, niet-Euclidische geometrieën (Lobatschewski en Gauss) en ruimtelijke relativiteitstheorieën (Minkovsky) moest zijn nieuwe Pangeometrie 'multidimensionale, reële ruimten, waarin men zonder paraplu uit wandelen kan gaan en waar ruimte en tijd zijn samengevoegd tot een onderling verwisselbaar geheel' denkbaar maken.[6]

Lissitzky verkende het onbekende terrein van de Pangeometrie en de omkeerbaarheid van axonometrische projectie door middel van verschillende media, van tekeningen en typografische experimenten tot tentoonstellingen, architectuurprojecten en fotomontages. Pas in de serie *Proun* – een Russisch acroniem voor 'projecten ter vaststelling van het nieuwe' – legt hij de vervreemdende mogelijkheden van een axonometrie, die de grens tussen tekening en architectuur verkent, volledig bloot.

De *Prouns* waren axonometrische constructies van elementaire geometrische vormen, lijnen en gekleurde vlakken met zowel uitdijende als samendrukkende effecten. Net als Albers' *Constellations* is hun gelaagde compositie ongrijpbaar: niets trekt de aandacht, ze voldoen niet aan de gangbare wetten van de zwaartekracht of aan optische regels, wat het waarnemingsproces in een mentale trip verandert:

> We zagen dat het oppervlak van de *Proun* niet langer een afbeelding is, maar een structuur waar we omheen moeten cirkelen, die we van alle kanten moeten bekijken, van bovenaf bestuderen en van onderaf

6
El Lissitzky, 'A. and Pangeometry', in: *Russia: An Architecture for World Revolution* (Cambridge, MA: MIT Press, 1970), 142-149, tevens verschenen in: Sophie Lissitzky-Küppers, *El Lissitzky: Life: Letters: Text* (Londen, 1968), 348-354.

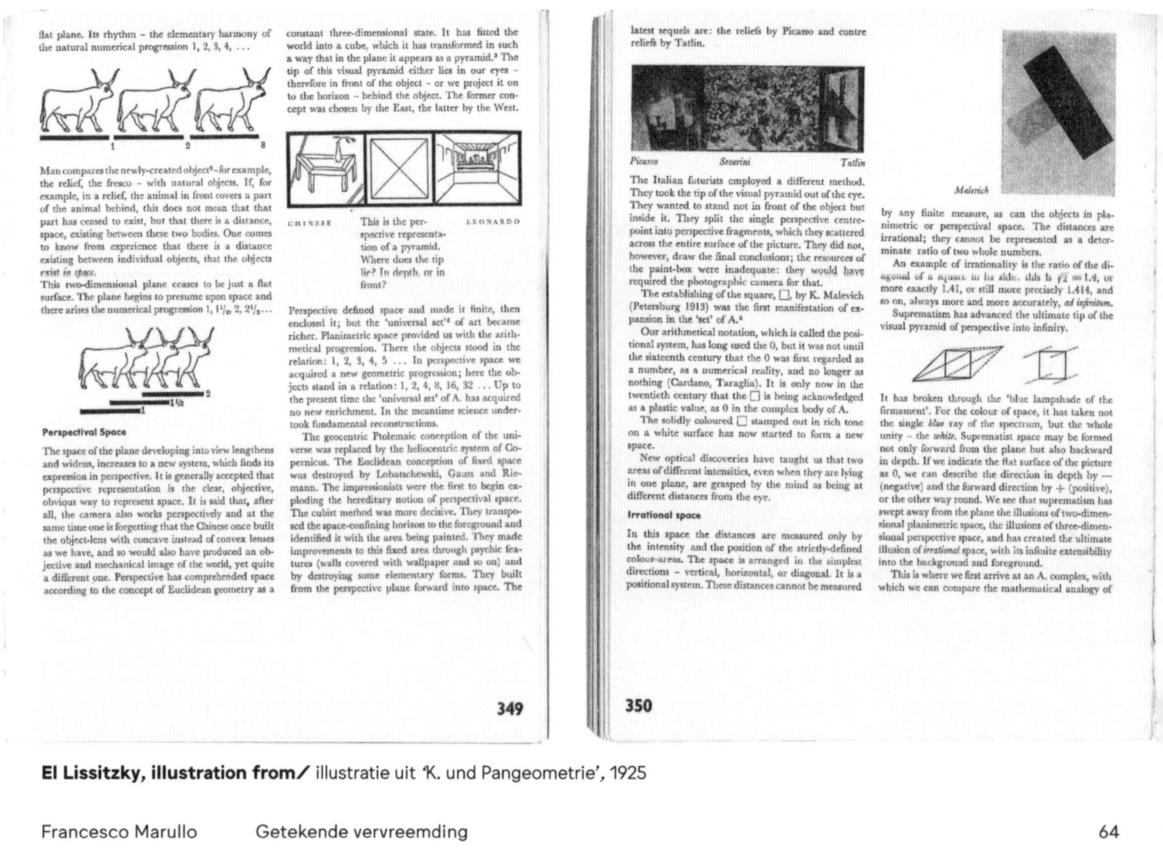
flat plane. Its rhythm – the elementary harmony of the natural numerical progression 1, 2, 3, 4, ...

Man compares the newly-created object[3] – for example, the relief, the fresco – with natural objects. If, for example, in a relief, the animal in front covers a part of the animal behind, this does not mean that that part has ceased to exist, but that there is a distance, space, existing between these two bodies. One comes to know from experience that there is a distance existing between individual objects, that the objects *exist in space*.
This two-dimensional plane ceases to be just a flat surface. The plane begins to presume upon space and there arises the numerical progression 1, 1½, 2, 2½...

Perspectival Space

The space of the plane developing into view lengthens and widens, increases to a new system, which finds its expression in perspective. It is generally accepted that perspective representation is the clear, objective, obvious way to represent space. It is said that, after all, the camera also works perspectively and at the same time one is forgetting that the Chinese once built the object-lens with concave instead of convex lenses as we have, and so would also have produced an objective and mechanical image of the world, yet quite a different one. Perspective has comprehended space according to the concept of Euclidean geometry as a constant three-dimensional state. It has fitted the world into a cube, which it has transformed in such a way that in the plane it appears as a pyramid.[3] The tip of this visual pyramid either lies in our eyes – therefore in front of the object – or we project it on to the horizon – behind the object. The former concept was chosen by the East, the latter by the West.

CHINESE — This is the perspective representation of a pyramid. Where does the tip lie? In depth, or in front? — LEONARDO

Perspective defined space and made it finite, then enclosed it; but the 'universal set'[4] of art became richer. Planimetric space provided us with the arithmetical progression. There the objects stood in the relation: 1, 2, 3, 4, 5 ... In perspective space we acquired a new geometric progression; here the objects stand in a relation: 1, 2, 4, 8, 16, 32 ... Up to the present time the 'universal set' of A. has acquired no new enrichment. In the meantime science undertook fundamental reconstructions.

The geocentric Ptolemaic conception of the universe was replaced by the heliocentric system of Copernicus. The Euclidean conception of fixed space was destroyed by Lobatschewski, Gauss and Riemann. The impressionists were the first to begin exploding the hereditary notion of perspectival space. The cubist method was more decisive. They transposed the space-confining horizon to the foreground and identified it with the area being painted. They made improvements to this fixed area through psychic features (walls covered with wallpaper and so on) and by destroying some elementary forms. They built from the perspective plane forward into space. The

349

latest sequels are: the reliefs by Picasso and contre reliefs by Tatlin.

Picasso *Severini* *Tatlin*

The Italian futurists employed a different method. They took the tip of the visual pyramid out of the eye. They wanted to stand not in front of the object but inside it. They split the single perspective centre-point into perspective fragments, which they scattered across the entire surface of the picture. They did not, however, draw the final conclusions; the resources of the paint-box were inadequate: they would have required the photographic camera for that.

The establishing of the square, □, by K. Malevich (Petersburg 1913) was the first manifestation of expansion in the 'set' of A.[5]

Our arithmetical notation, which is called the positional system, has long used the 0, but it was not until the sixteenth century that the 0 was first regarded as a number, as a numerical reality, and no longer as nothing (Cardano, Taraglia). It is only now in the twentieth century that the □ is being acknowledged as a plastic value, as 0 in the complex body of A.

The solidly coloured □ stamped out in rich tone on a white surface has now started to form a new space.

New optical discoveries have taught us that two areas of different intensities, even when they are lying in one plane, are grasped by the mind as being at different distances from the eye.

Irrational space

In this space the distances are measured only by the intensity and the position of the strictly-defined colour-areas. The space is arranged in the simplest directions – vertical, horizontal, or diagonal. It is a positional system. These distances cannot be measured

Malevich

by any finite measure, as can the objects in planimetric or perspectival space. The distances are irrational; they cannot be represented as a determinate ratio of two whole numbers.

An example of irrationality is the ratio of the diagonal of a square to its side. this is $\sqrt{2} = 1.4$, or more exactly 1.41, or still more precisely 1.414, and so on, always more and more accurately, *ad infinitum*.

Suprematism has advanced the ultimate tip of the visual pyramid of perspective into infinity.

It has broken through the 'blue lampshade of the firmament'. For the colour of space, it has taken not the single *blue* ray of the spectrum, but the whole unity – the *white*. Suprematist space may be formed not only forward from the plane but also backward in depth. If we indicate the flat surface of the picture as 0, we can describe the direction in depth by — (negative) and the forward direction by + (positive), or the other way round. We see that suprematism has swept away from the plane the illusions of two-dimensional planimetric space, the illusions of three-dimensional perspective space, and has created the ultimate illusion of *irrational* space, with its infinite extensibility into the background and foreground.

This is where we first arrive at an A. complex, with which we can compare the mathematical analogy of

350

El Lissitzky, illustration from/ illustratie uit 'K. und Pangeometrie', 1925

Axonometry replaces the anthropocentrism of the human eye – being that of an emperor, a pope, a conquistador, a citizen, a painter or an architect – with the impersonal objectivity of an anonymous entity – the sunlight or a divinity, technology or a territory, market exchanges or logistics, parametric data or statistics. It provides accuracy and specificity without losing the coherency of the broader ensemble, treating the infinitely small and the colossal with impartial distance, rendering people, buildings, mountains, rivers, infrastructure or machines with the same surgical precision and level of detail, as in traditional Chinese landscape scrolls.[5]

> p. 5
Lissitzky, *Proun*, ca. 1921-1923

Albers certainly shared his obsession for axonometry with his old friend and Bauhaus colleague El Lissitzky (1890-1941) who, in 1925, dedicated his article-manifesto 'K. und Pangeometrie' to the evolution of parallel projection and the gradual erosion of linear perspective initiated with the impressionist discovery of light and later accelerated by the cubist fragmentation of objects, the dynamic perception of futurism, and the colour composition of neoplasticism.

Suprematism further hastened this trajectory, opening the apex of the perspectival visual cone towards infinity and converting its hierarchical space into a bundle of parallel lines or, in other words, into an axonometric space, as demonstrated by the diagrams accompanying this essay. For Lissitzky, the shift from the finite world of perspectival frames to the openness of parallel projection and the 'blue lampshade of the firmament' beyond the picture plane, paved the way to art as a pure 'crystallisation of human thought'. Led by the rediscovery of irrational numbers, non-Euclidean geometries (Lobachevsky and Gauss), and spatial theories of relativity (Minkowski), a new Pangeometry should have thought 'multi-dimensional, real spaces, into which one can go for a walk without an umbrella, and where space and time have been combined into a mutually interchangeable single whole'.[6]

Lissitzky explored the uncharted territories of Pangeometry and the reversibility of axonometric projection through various mediums, from drawings and typographic experiments to exhibitions, architectural projects, and photographic montages. However, it was only with the *Proun* series (a Russian acronym for 'projects for the affirmation of the new') that he thoroughly exposed the potential of axonometric estrangement investigating the threshold between drawing and architecture.

The *Prouns* were axonometric constructions of elementary geometrical forms, lines and coloured planes with both expanding or compressing effects. Like Albers's *Constellations*, their layered composition is elusive, devoid of a dominating gaze and swerving from ordinary laws of gravity or optical rules, which turn the process of perception into a mental journey:

> We saw that the surface of the *Proun* ceases to be a picture and turns into a structure around which we must circle, looking at it from all sides, peering down from above, investigating from below. The result is that the one axis of the picture which stood at right angles to the horizontal was destroyed.[7]

5
I am specifically referring here to the *Kangxi Emperor's Southern Inspection Tour,* Scrolls Three and Seven, painted by Wang Hui (1632-1717) and assistants before Western perspective was introduced into Chinese art. See David Hockney's documentary *A Day on the Grand Canal with the Emperor of China or: Surface Is Illusion But So Is Depth* (directed by Philip Haas, 1988), and Massimo Scolari, 'The Jesuit Perspective in China', in: *Oblique Drawing: A History of Anti-Perspective* (Cambridge, MA: MIT Press, 2012), 340-357.

6
El Lissitzky, 'A. and Pangeometry', in: *Russia: An Architecture for World Revolution* (Cambridge, MA: MIT Press, 1970), 142-149, republished in Sophie Lissitzky-Küppers, *El Lissitzky: Life: Letters: Text* (London, 1968), 348-354.

7
El Lissitzky, 'Proun – Not World Vision but World Reality' (1922), in: Lissitzky-Küppers, *El Lissitzky*, 343. See also Yve-Alain Bois, 'El Lissitzky Radical Reversibility', *Art in America* (April 1988), 160-181.

onderzoeken. Het resultaat is dat de ene as van de afbeelding die haaks op het horizontale vlak stond, werd vernietigd.[7]

De *Prouns* kwamen tot stand binnen een gevestigde traditie. Vladimir Tatlin (1885-1953) probeerde al in 1914 met zijn 'hoekreliëfs' de relatie tussen schilderijen aan de muur en toeschouwers te doorbreken door het platte vlak van het beeld te articuleren als een complex materieel geheel dat de bezoekers dwong om rond het werk te cirkelen en het vanuit verschillende standpunten te bekijken.[8] Nog voor Tatlin had Kazimir Malevich (1879-1935) de naakte materialiteit van de schilderkunst bruusk afgevlakt en blootgelegd in zijn *Zwart vierkant*, een werk dat de kunst terugzette op nul en niets anders voorstelt dan zichzelf als een puur fysiek, optisch en emotioneel feit: doek, kleur, dichtheid en vorm. Malevich bevrijdde de schilderkunst van de beperkingen van de conventionele voorstelling en projecteerde haar op een objectloze wereld: een wereld van pure expressie, zonder verdwijnpunten en horizonten, met alleen maar vlakken, intensiteiten en richtingen.

Volgens Lissitzky, die in 1920 Malevich' lessen aan de kunstacademie van Vitebsk als lid van de UNOVIS-groep bijwoonde, stelde *Zwart vierkant* een nieuwe idee van monumentaliteit voor: niet langer statisch en eeuwig, zoals de piramiden, maar dynamisch, immanent en bedrijvig, zoals het ritme van het leven zelf. Zowel in zijn eerste *Proun*-tentoonstelling op de Große Berliner Kunstausstellung van 1923 als later in Dresden (1926) en Hannover (1927) dreef Lissitzky de principes van het suprematisme tot het uiterste, waarbij hij het schilderij niet opvatte als een voorwerp om te bekijken, maar als een mentale ruimte om in te leven.[9] Hij transformeerde de ongeveer 3 x 3 x 2,5 m van zijn tentoonstellingsruimte tot een verbijsterende route die de toeschouwer tot actie noopte: het was geen gedecoreerd vertrek 'als een geschilderde doodskist voor ons levende lichaam', maar een *Proun*-ruimte, een *Prounenraum*. Lissitzky schrijft:

> Tussen alle troep in de tentoonstellingsruimte op Lehrter Bahnhof zijn verschillende 'ruimten' afgezet. Men is zo vriendelijk geweest mij een van deze 'ruimten' ter beschikking te stellen. De zes vlakken (vloeren, vier wanden, plafond) zijn een gegeven; ze moeten nog vorm krijgen. Het moet geen woonruimte worden: het is immers een tentoonstelling. In een tentoonstelling loopt men een rondje. Daarom moet de ruimte zó worden ingericht dat zij ons aanmoedigt erin rond te lopen.

Zo loopt er een reeks elementaire vormen en materialen – 'lijn, vlak en balk, kubus, kegel en zwart, wit, grijs en hout' – tegen de richting van de klok in over alle oppervlakken van de ruimte via een traject met plotselinge versnellingen en stremmingen.[10]

Vanuit een wit vlak rechts van de ingang leidt een opgaande diagonale houten balk naar een diagonale verzameling abstracte vormen in de tegenoverliggende bovenhoek van de eerste muur, die dwars over een grote monochromatische compositie van verticaal en horizontaal gelaagde oppervlakken doorloopt naar de tweede muur. Linksonder biedt een bruine bol die tussen drie staven uit de muur puilt, een dynamisch tegenwicht aan de vlakheid van de voorgaande serie, terwijl hij tegelijkertijd een plotselinge versnelling voorbereidt naar de derde muur, waar een houten verzameling loodrechte vlakken asymmetrisch boven een zwarte verticale rechthoek zweeft. Tot slot leidt een houten staaf de bezoekers

7
El Lissitzky, '*Proun* – Not World Vision but World Reality' (1922) in: Lissitzky-Küppers, *El Lissitzky*, op. cit. (noot 6)., 343. Zie ook: Yve-Alain Bois, 'El Lissitzky Radical Reversibility', *Art in America* (april 1988), 160-181.

8
Svetlana Boym, *Architecture of the Off-Modern* (New York: Buell Center/ FORuM Project en Princeton Architectural Press, 2008), 8-14.

9
Éva Forgács, 'Definitive Space: The Many Utopias of El Lissitzky's *Proun Room*', in: Nancy Perloff en Brian Reed (red.), *Situating Lissitzky: Vitebsk, Berlin, Moscow* (Los Angeles: Getty Publications, 2003), 47-75.

10
El Lissitzky, '*Proun* Space', in: Lissitzky-Küppers, *El Lissitzky*, op. cit. (noot 6), 361. Oorspronkelijk geschreven in Den Haag in mei 1923 en verschenen in: *G: Material zur elementaren Gestaltung* 1 (Berlijn, juli 1923), vertaald als: Detlef Mertins en Michael William Jennings (red.), *G: An Avant-garde Journal of Art, Architecture, Design, and Film, 1923-1926* (Los Angeles: Getty Research Institute, 2010).

The *Proun* series operated within a well-established tradition. Already in 1914, Vladimir Tatlin (1885-1953) attempted to break the relationship between wall paintings and beholders with his counter-reliefs, articulating the flat surface of the image as a complex material assemblage that forced visitors to wander around the work and continuously change their point of view.[8] Even before Tatlin, the bare materiality of painting had been violently flattened and exposed by Kazimir Malevich (1879-1935) in his *Black Square*, a work that reset art to its degree zero, representing nothing but itself as a purely physical, optical and emotional fact: canvas, colour, density and form. Malevich liberated painting from the constraints of any conventional representation, projecting it towards an objectless world: a world as pure expression, devoid of vanishing points and horizons, with only fields, intensities and directions.

To Lissitzky, who attended Malevich's lessons at the Vitebsk Art School in 1920 as part of the UNOVIS group, the *Black Square* represented a new idea of monumentality: one no longer static and eternal, like the pyramids, but dynamic, immanent and industrious, like the rhythm of life. Thus, in his first *Proun* show at the 1923 Große Berliner Kunstausstellung, as later in Dresden (1926) and Hannover (1927), Lissitkzy brought the Suprematist principles to their extreme conclusions, conceiving the painting not as an object to be contemplated but as a mental space to live in.[9] He transformed the approximately 3 x 3 x 2.5 m of his exhibition room into a bewildering itinerary that demanded action to the beholder:

8
Svetlana Boym, *Architecture of the Off-Modern* (New York: Buell Center/FORuM Project and Princeton Architectural Press, 2008), 8-14.

9
Éva Forgács, 'Definitive Space: The Many Utopias of El Lissitzky's *Proun Room*', in: Nancy Perloff and Brian Reed (eds.), *Situating Lissitzky: Vitebsk, Berlin, Moscow* (Los Angeles: Getty Publications, 2003), 47-75.

El Lissitzky, *Prounenraum*, (1923). Reconstruction/ reconstructie, 1971

naar een suprematistisch zwart vierkant naast de toegangsdeur. Aan het plafond kruisen twee zwarte, loodrecht op elkaar staande lijnen van verschillende dikten een wit vierkant dat voor oriëntatie zorgt, terwijl een zwart vierkant op de vloer bedoeld is om de toegang tot de ruimte te markeren.

De tekening die El Lissitizky van de galerie maakte, werd zelf een *Proun*. De vloer en het plafond volgen dezelfde assen, maar in tegengestelde richting en daardoor kantelen ze ondersteboven; alleen de deuropening voorziet de toeschouwers, die zich voortdurend afvragen wat binnen is en wat buiten, en wat boven is en wat beneden, van een vertrouwde oriëntatie. De *Proun*-ruimte wordt zodoende het omgekeerde van de *studiolo* uit de Renaissance: geen rustig, centripetaal toevluchtsoord ter verheerlijking van het individu, maar eerder een vervreemdend instrument voor de ontleding van het zelf. Net als Albers in zijn *Constellations* gebruikt Lissitzky de axonometrie opzettelijk om een omkeerbaar en verontrustend beeld van de wereld te produceren, een beeld dat niet tot doel heeft de toeschouwer te boeien, maar dat juist afstand wil nemen en tegelijkertijd het waarnemingsvermogen wil vergroten. De axonometrie is bij Albers en Lissitzky even pedagogisch en emancipatoir als een toneelstuk van Brecht: de wereld vanuit een vervreemdend gezichtspunt bekijken is haar herontdekken en opnieuw uitvinden.

Omdat de axonometrie de werkelijkheid op rationele en nauwkeurige driedimensionale wijze vertaalt, werd zij eeuwenlang slechts gebruikt voor utilitaire doeleinden, voornamelijk voor oorlogstechnologie, civieltechnische werken, mechanische apparaten, onroerend goed en wetenschappelijke demonstraties. Vandaag de dag bevestigt de wildgroei aan

El Lissitzky, *Proun 1D*, 1919–1921

not a decorated room 'like a painted coffin for our living body' but a *Proun*-space, or *Prounenraum*. Lissitzky writes:

> Amid the junk in the exhibition hall at the Lehrter Bahnof various 'spaces' have been boxed in. One box has kindly been placed at my disposal. The 6 planes (floors, 4 walls, ceiling) are givens; they need to be shaped. It should not be a living room: after all, it is an exhibition. In an exhibition, one goes around in a circle. Hence the room should be organized such that the room itself encourages us to walk around in it.

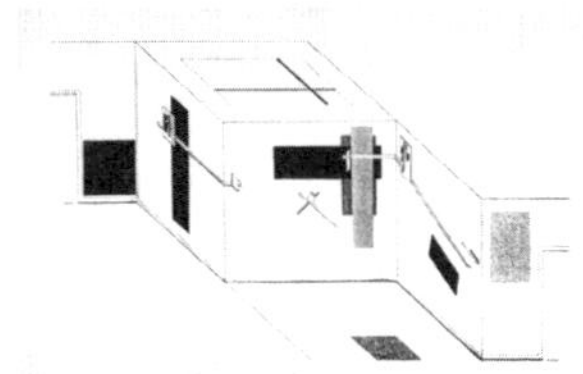

> p. 4
El Lissitzky, *Prounenraum*, litho, 1923

Thus, a series of elementary forms and materials – 'line, plane, and bar, cube, cone and black, white, grey and wood' – run across each surface of the room in a counter-clockwise trajectory of sudden accelerations and stoppages.[10]

From a white plane to the right of the entrance, a rising diagonal wooden bar leads to a diagonal assemblage of abstract forms in the opposite upper corner of the first wall, continuing to the second wall across a large monochromatic composition of vertical and horizontal layered surfaces. To the left below, a brown sphere protrudes from the wall between three rods, offering a dynamic counterweight to the flatness of the previous sequence while preparing a sudden acceleration to the third wall, where a wooden assemblage of perpendicular planes floats asymmetrically above a black vertical rectangle. Finally, a wooden rod guides the visitors towards a Suprematist black square next to the exit/entrance door. On the ceiling, a white square crossed by two black perpendicular lines of

10
El Lissitzky, 'Proun Space', in: Lissitzky-Küppers, *El Lissitzky*, op. cit. (note 6), 361. Originally written in The Hague in May 1923 and published in *G: Material zur elementaren Gestaltung* 1 (Berlin, July 1923), translated in Detlef Mertins and Michael William Jennings (eds.), *G: An Avant-garde Journal of Art, Architecture, Design, and Film, 1923-1926* (Los Angeles: Getty Research Institute, 2010).

1 G Material zur elementaren Gestaltung
JULI 1923
PROUNEN RAUM
GROSSE BERLINER KUNSTAUSSTELLUNG 1923
ES KOMMT DER NEUE INGENIER.
Thesen aus dem realistischen Manifest Moskau 1920.
ABER ES GEHT IMMER WEITER:
Ewige Wahrheiten
Zur Elementaren Gestaltung.
Überfluß.
DE STIJL
MERZ
MERZVERLAG
MA
BÜCHERANZEIGE

El Lissitzky, *Prounenraum*, Große Berliner Kunstausstellung, 1923, in *G: Material zur elementaren Gestaltung* 1, Berlin, Juli 1923

axonometrische representaties in architectuurblogs, publicaties, prijsvragen en professioneel en academisch werk die tendens, wat wellicht het resultaat is van pogingen om een wereld onder controle te brengen, die steeds moeilijker in holistische visies te vatten is – het beheersbaar en leesbaar maken van de dynamische hoeveelheid levende activiteiten via de beperkingen van een architectuurtekening.

In plaats van eenvoudige architectonische illustraties van de werkelijkheid (of verfraaide versies daarvan) of passieve contemplatie te genereren, desoriënteert, verwerpt en provoceert de getekende vervreemding van Albers en Lissitzky het publiek en dwingt het tot verdere verkenningen, vragen en activiteiten. In een samenleving waar alles al snel in een visuele episode verandert, stellen Lissitzky en Albers een alternatief gebruik van de axonometrie voor. Die overbrugt de kloof tussen representatie en werkelijkheid niet langer, maar maakt die kloof tot een project: een onmisbare kloof die we nodig hebben om onszelf, onze plaatsen en rituelen (en, op hun beurt, de bredere systemen, ruimten en conventies die ons maken tot wat we zijn) kritisch te kunnen ontleden.

Vertaling: InOtherWords, Maria van Tol

different thicknesses provides orientation, while, on the floor, a black square was supposed to mark the access to the room.

The drawing that Lissitzky made of the gallery itself became a *Proun*. Following the same axes but opposite directions, floor and roof flip upside down, and only the doorframe re-establishes a familiar orientation for the observers, who continuously vacillates inside and outside, above or below. The *Proun* room thus becomes a reversal of the Renaissance *studiolo*: not a tranquil centripetal retreat for the glorification of the individual, but rather an estranging device for the dissection of the self. As Albers in his *Constellations*, Lissitzky deliberately uses axonometry to produce a reversible and disturbing image of the world, an image aiming not at captivating the audience but rather at distancing it, while increasing its perceptive consciousness. Axonometry in Albers and Lissitzky is pedagogical and emancipatory, as in a play by Brecht: to look at the world from an estranged point of view is to rediscover and reinvent it.

Because of its rational and accurate three-dimensional translation of reality, for centuries axonometry was relegated to mere utilitarian purposes, primarily deployed for warfare technologies, works of civil engineering, mechanical devices, real estate and scientific demonstrations. Today, the proliferation of axonometric representations across architectural blogs, publications, competitions, professional and academic work confirms that tendency, perhaps motivated by the attempt to harness a world increasingly difficult to be grasped through holistic visions: to control and make readable the dynamic multiplicity of living activities through the limited frames of an architectural drawing.

Far from generating simple architectural illustrations of reality (or embellished versions of it), or passive contemplation, Albers and Lissitzky's drawing estrangement disorients, rejects and provokes their beholders, forcing them to further inquire, interrogate and act. In a society that is rapidly transforming everything into a visual episode, Lissitzky and Albers suggest an alternative use of axonometry, which no longer mediates the distance between representation and reality, but turns that same distance into a project: an indispensable distance for critically dissecting the ways we produce ourselves, our places and rituals (and, in turn, the broader systems, spaces and conventions that produce us).

Véronique Patteeuw

Tekenen is bouwen

Een fragiel stuk geel papier, gedeeltelijk verkleurd. In grijs potlood en met enorme precisie is een bakstenen muur met de hand getekend. Het repetitieve gebaar van de tekening, steen voor steen, wordt meteen duidelijk. Het horizontale ritme wordt herhaaldelijk doorbroken door verticale lijnen. Hier wordt een ander, zachter potlood gebruikt. Als de noten op een muziekpartituur dansen de verticalen op het oppervlak van de gevel. Bij nader inzien blijken in de tekening negen openingen uitgespaard. Nu eens horizontaal en lang, dan weer vierkant en groot of klein, suggereren de uitsparingen ramen en een deur. Het papier lijkt uitgesneden om de formele uitdrukking van de gevel te visualiseren. Zes bogen met kleine inkepingen in de bovenste delen duiden op gewelfde daken en ingelegde draagbalken. De tekening verwordt hier architectuur.

De potloodtekening toont het interieur van de zuidelijke muur van het schip van de Sint-Pieterskerk in Klippan, Zweden (1960–1963). Ontworpen en gerealiseerd door de Zweedse architect Sigurd Lewerentz (1885–1975) die de kerk ontwierp aan het einde van zijn leven. Het is zonder twijfel een van zijn meesterwerken. De tekening is niet door Lewerentz zelf gemaakt, maar vermoedelijk door Michel Papadopoulos, Lewerentz' assistent in de vroege jaren 1960, en grotendeels verantwoordelijk voor het realiseren van het project. Het conventionele begrip van de architectuurtekening

Sigurd Lewerentz, Internal elevation of the western wall of St Peter's Church, Klippan (1960–1963). Drawing undated and unsigned/ aanzicht van het interieur van de westelijke muur van de Sint-Pieterskerk, Klippan (1960–1963). Tekening noch gedateerd, noch gesigneerd

Véronique Patteeuw

Drawing Is Building

A fragile piece of yellow paper, partially discoloured. In grey pencil and with enormous precision, a brick wall has been drawn by hand. The repetitive gesture of the drawing, brick by brick, is immediately apparent. Its horizontal rhythm is interrupted on numerous occasions by vertical lines. Here, a different, softer pencil is used. Like the notes in a music partition, the verticals dance on the façade's surface. Blank in the drawing, nine openings become discernible upon closer inspection. Horizontal and long or squarish large and small, they delineate windows and a door. The paper seems to have been cut to present the formal expression of the building's façade. Six arches with small imbrications in their upper parts indicate vaulted roofs and incrusted loadbearing beams, translating the drawing into architecture. The pencil drawing shows the interior view of the south wall of the nave of the church of St Peter in Klippan, Sweden (1960-1963). Designed and realised by Swedish architect Sigurd Lewerentz (1885-1975) towards the end of his life, the church is without doubt one of his masterpieces.

The drawing was not made by Lewerentz himself, but possibly by Michel Papadopoulos, Lewerentz's assistant in the early 1960s and largely responsible for getting the project realised. The convention-

als een representatie van een toekomstig, compleet gebouw lijkt niet toereikend om te onderzoeken hoe het medium van potlood en papier is gebruikt. De tekening stelt niet de afgewerkte muur voor, ze schrijft niet voor, maar stelt een hypothetische muur voor, die vergelijkbaar is met het bouwproces. De potloodstrepen onthullen in de eerste plaats de materiële aard van het project. Ze getuigen van het gereduceerde palet aan materialen, dat Lewerentz zou gebruiken: baksteen, glas, staal en hout; nederige, gewone materialen, die binnen Lewerentz' project buitengewoon zouden worden. Er wordt geen enkele baksteen versneden, maar eerder worden verschillende maten baksteen toegestaan. Voegen variëren. De tekening illustreert de gedetailleerde studie naar de relatie tussen mortel en baksteen: terwijl de horizontale voegen identiek blijven, variëren de verticale voegen om kleine verschillen op te vangen. Bakstenen en voegen worden niet gezien als een materiaal om mee te bouwen, maar als onderdelen van het ontwerp zelf. De tekening stelt een ensemble voor waarbij mortel en baksteen één conglomeraat vormen in plaats van een afzonderlijk gestapeld metselwerk. Voor Lewerentz is tekenen bouwen. 'De tekening stelt geen baksteenpatroon voor, maar imiteert het maken van de muur alsof de architect elke baksteen afzonderlijk door de tekening heen langs de lijn van een metselaar zou leggen.'[1]

De tekening toont ook de positie van alle buitenelementen. De glaspanelen, de houten deuren en de stalen verbindingen zijn losgekoppeld van het bijbehorend metselwerk. Ze zijn nodig om openingen te bedekken, een dak te plaatsen, de bezoekers binnen te laten – maar respecteren de autonomie van de muur. Lewerentz stond erom bekend dat hij veel tijd doorbracht op de bouwplaats. Een handvol schetsen getuigt van de gesprekken die hij voerde over tegelpatronen, baksteenroosters, raamdetails, met ambachtslieden en bouwvakkers op de werf. Het tekenproces wordt instrumenteel in de dialoog tussen architect en ambachtsman.

Tot slot laat de tekening zien hoe Lewerentz het liturgisch programma interpreteert. Zijn architectuur maakt zich los van de conventies van de westerse sacrale architectuur en verwerpt de iconografie als basis voor architectonische vorm. In ruil daarvoor verkende hij het potentieel van het materiaal en reduceerde hij vormelijke elementen tot een minimum, om een fysieke aanwezigheid van ruimte, licht en materiaal centraal te stellen. Een architectuur die zou passen bij het programma: een architectuur van stilte.

1
Jonathan Foote, 'Ritning som byggande: Lewerentz och ritningarna till S:t Petri', in: Matthew Hall (red.), *S:t Petri 50 år: kontext, fragment, och influenser* (Stockholm: Arkitetkur-och designcentrum Sverige), 79.

al understanding of the architect's drawing as a representation of a future, complete building is not adequate for exploring how the medium of pencil and paper was used. The drawing does not represent the finished wall, it does not prescribe but proposes a hypothetical wall drawn similar to its construction process. The pencil strokes reveal first and foremost the material nature of the project. They testify to the reduced pallet of materials Lewerentz would use: brick, glass, steel and wood; humble materials, that would become, within Lewerentz's project, extraordinary. No brick is cut. Various sizes of brick are used. Flush mortar joints vary. Rather than distinct stacked masonry, the drawing proposes an ensemble where mortar and brick become one conglomerate. Bricks and joints are not seen as a material to build with, but as components of the design itself. The drawing shows the detailed study of mortar and brick relationships: while the horizontal joints are identical, the vertical ones vary in order to accommodate small differences. For Lewerentz, drawing is building. 'The drawing does not represent a brick pattern but rather re-enacts the making of the wall as if the architect would lay each brick individually through the drawing along a mason's line.'[1]

The drawing also shows the position of all of the outer elements. The glass panels, timber doors and steel joints are disengaged from their associated masonry. They are needed to cover openings, to propose a roof, to enable visitors to enter – but respect the wall's autonomy. Lewerentz was known to spend a lot of time on the construction site. A handful of sketches testify to the conversations Lewerentz had about tile patterns, brick coursing and window details with craftsmen and builders on the site. The drawing process becomes instrumental in the dialogue between architect and craftsman. Finally, the drawing reveals Lewerentz's take on the liturgic programme. His architecture disengaged with the conventions of Western sacred architecture and rejected iconography as a basis for architectural form. In return, he explored the potential of the material and the reduction of formal means in order to propose a physical presence of space, light and material. An architecture that would fit the programme: an architecture of silence.

1
Jonathan Foote, 'Ritning som byggande: Lewerentz och ritningarna till S:t Petri', in: Matthew Hall (ed.), *S:t Petri 50 år: kontext, fragment, och influenser* (Stockholm: Arkitetkur-och designcentrum Sverige, 2016), 79.

Richard Hall

Een spaarzame manier van tekenen

Midden jaren 1990 maakte Tony Fretton met behulp van MiniCAD 'uit de vrije hand' een aantal tekeningen voor het Red House in Chelsea, Londen, waarmee hij de aanzet gaf tot een reeks experimenten met zogenaamd 'muistekenen'. Uit deze opmerkelijke tekeningen bleek, dat de expressieve mogelijkheden van computerondersteund tekenen even groot waren als die van handmatig tekenen. De resultaten van dit werk bieden een bijzonder inzicht in de relatie tussen tekeningen en ideeën, tussen tekeningen en ontwerpen, en tussen het tekenproces en de daaruit voortvloeiende gebouwen – in Fretton's praktijk in die jaren.

Er is iets in de technische uitwerking van deze tekeningen, die lijkt aan te sluiten bij de sociaal-politieke ambities die een rol spelen in het werk van Tony Fretton: de wens om veel te doen met relatief weinig, en om het gebruik van architectuur af te bakenen en in zekere mate te beperken om zo meer vrijheid, keuzes en plezier mogelijk te maken. In praktisch opzicht kan Fretton door deze economische manier van tekenen aangeven dat bepaalde onderdelen van een plan nadere uitwerking verdienen: om een project op een onevenwichtige manier te ontwerpen, maar er tegelijkertijd een leesbaar en rijk *geheel* van te maken.

Onevenwichtigheid

De onderlinge afhankelijkheid tussen gedetailleerdheid en onevenwichtigheid die te vinden is in Fretton's hele werk, is nadrukkelijk aanwezig in zijn tekeningen. Binnen een enkele tekening, bijvoorbeeld die van het straataanzicht van zijn Building with Two Apartments in Groningen (NL), definieert de selectieve inhoud van de tekening het conceptuele kader voor het gebouw als een aanvulling op de stad. De tekening kan worden gelezen als een index van bedoelingen: de eenvoudige vorm – een verwijzing naar de archetypische Nederlandse grachtenpanden – is georganiseerd in laag-, tussen- en hogerop gelegen volumes; de positie van het gebouw tussen andere gebouwen wordt versterkt doordat de getrapte vorm relaties legt met zowel de straat als met de hogere gebouwen in de buurt. De rol van de begane grond, ingevuld met een replica van een traditioneel Hollands kabinet als 'plaats waar het oog kan rusten', wordt geaccentueerd met de plaatselijk toegepaste gele tint.[1]

Dit zijn de direct zichtbare bedoelingen. Bij nader inzien zijn *tussen de regels* van deze ogenschijnlijk simplistische tekening andere ideeën te lezen die Fretton's bedoelingen accentueren. Vooral de dialoog tussen het openbare en privéleven – die gesuggereerd wordt door het gebaar waarmee het kabinet aan de straat wordt geschonken – wordt ondersteund door de stippellijnen van de plafonds die door de belangrijkste ramen van de bovengelegen appartementen te zien zijn, en door twee van deze grote ramen open naar de straat te tekenen. Op een milde manier suggereren zulke beleefde acties, dat leven in dit gebouw gelijk staat aan leven in de stad.

De literaire metafoor kan worden doorgetrokken, als we kijken naar vier van Fretton's tekeningen voor het Red House. De tekeningen – twee

1
Gesprek met Tony Fretton, juli-augustus 2019.

Richard Hall

An Economy of Drawing

In the mid-1990s, Tony Fretton made a set of 'free-hand' drawings on MiniCAD for the Red House in Chelsea, beginning a series of experiments with *mouse-drawing*. This unusual set of drawings attempted to appropriate CAD as a medium with an expressive capacity comparable to hand drawing. The outcomes of this work offer a special insight into the relationship between drawings and ideas, drawings and the act of design, and between this process and the resulting buildings – in Fretton's practice during those years.

Something in the technical operation of making these drawings appears to align with an underlying sociopolitical aspiration in Tony Fretton's work: a desire to do a lot with relatively little, and to locate – and to some degree limit – the use of architecture so that it might offer increased freedoms, choices and enjoyment. In a more practical sense, the economy present in these drawings allows Fretton to define those parts of a scheme that make sense to elaborate: to design a project in an uneven way, while nevertheless shaping a legible and enriched *whole*.

Unevenness

The interdependence between specificity and unevenness that is found across Fretton's work is emphatically present in his drawings. Within a single drawing, such as the street view of the Building with Two Apartments in Groningen (NL), the selective content of the drawing defines the conceptual framework for the building as an addition to the city. It can be read as an index of intentions: a simple form – referencing archetypal Dutch canal houses – organised into lower, intermediate and roof parts; the positioning between other buildings, amplified through stepping the form to make relationships to both the street and taller buildings nearby; and the role of the ground floor, filled with a replica of a traditional Dutch cabinet, as a 'place for the eye', highlighted by the localised use of yellow tone.[1]

These are the immediately apparent intentions. On closer examination, other ideas can be *read between the lines* of this seemingly simplistic drawing that help to reinforce these objectives. In particular the dialogue between public and private life – suggested by the gesture of the cabinet as a gift to the street – is supported by the dotting-in of ceilings, seen through the principal windows of the apartments above and in drawing two of these large windows opened to the street. Together, these civilities gently suggest that life in this building is life in the city.

The literary metaphor can be continued when looking at four drawings made for the Red House. The drawings – two interior perspectives, the front elevation and a projection of the rear of the house onto the garden – were each made separately, and each

1
Conversation with Tony Fretton, July-August 2019.

interieurperspectieven, het vooraanzicht en een projectie van de achterkant van het huis aan de tuin – werden afzonderlijk gemaakt, en verkennen elk een aantal andere ideeën. De precieze volgorde waarin ze zijn gemaakt is niet helemaal duidelijk, maar Fretton kan tot in detail vertellen over de volgorde waarin de ideeën zijn uitgeprobeerd en opgehelderd, en over de rol van elke tekening in dat proces. Ze leggen verschillen in status bloot tussen zaken die wel en zaken die niet in de verschillende tekeningen zijn opgenomen, afhankelijk van zijn vertrouwen in het ontwerp van bepaalde aspecten van het gebouw op het moment van tekenen. In de projectie van de achtergevel laat Fretton elke referentie naar het materiaalgebruik achterwege, omdat die immers 'al bekend was van de tekening van de voorgevel' – waar de rode steensoort en de koperen figuren van de gevel met veel zorg en plezier zijn getekend. In plaats daarvan voelt hij zich vrij om zich te concentreren op de compositorische relatie tussen raamopeningen, een balkon, de tropische kas en de daken.[2] Fretton zegt dat hij die delen van het gebouw tekent waar hij vertrouwen in heeft, maar in andere gevallen lijkt hij delen van het gebouw waar hij wel vertrouwen in heeft – de delen die hij al heeft behandeld en nu goed kent – net zo gemakkelijk weg te laten, om zich op andere aspecten van het ontwerp te concentreren.[3]

In dit opzicht kunnen de tekeningen van het Red House gelezen worden als zinnen die samen een paragraaf vormen. Net als zinnen kunnen de tekeningen meer dan één ding zeggen en meer dan één idee bevatten, maar hebben ze een duidelijk doel met betrekking tot de andere zinnen. Er hoeft in de ene zin niet te worden herhaald wat in de vorige geschreven is, of worden aangegeven wat er in de volgende zal worden verwoord. De zinnen hebben een rol te spelen en als samengesteld geheel brengen ze een rijkdom aan ideeën over, die bijeen wordt gehouden door hun toewijding aan de algemene ervaring van het gebouw als een plaats. De samenvoeging van zinnen geeft in feite structuur aan de verschillende ervaringen van het gebouw, maar sluit uit dat het gebouw tot een enkel idee of beeld wordt beperkt.[4]

Conventie en intuïtie

Net als de schriftuur maken deze tekeningen gebruik van welbegrepen conventies om hun ideeën te ontwikkelen en te communiceren. In de 'muistekeningen' gebruikt Fretton een gereduceerde, maar herkenbare taal van gebruikelijk architectuurtekenen: lijnen, stippellijnen, arceren en opvullen. Het resultaat is tegelijkertijd vertrouwd en vreemd. Ze bezitten een onhandigheid die het gevolg kan zijn van de techniek van het tekenen met een muis: het vertrouwen op de *snap tolerance* van de software, het knip- en plakwerk waardoor de elementen bij benadering worden gerangschikt, en het gebruik van een beperkt aantal hulpmiddelen om op een vrij directe manier te kunnen tekenen, zoals met de vrije hand. Net als bij zijn gebouwen gebruikt Fretton conventies op een onconventionele manier. Het niet-helemaal-natuurlijke proces van het 'muistekenen' vertaalt bekende vormen, motieven en technieken in voorheen ongeziene reproducties en configuraties. Niets blijft gewoon, zelfs niet als alledaagsheid het onderwerp van het werk is.[5] Het is vooral intrigerend dat, hoewel deze tendens altijd al aanwezig is geweest in Fretton's werk, de beslissing om deze subtiele mutaties met een muis te tekenen – hetzij toevallig, hetzij opzettelijk – zo'n gelukkige is gebleken.

2 Ibid.
3 Ibid.
4 Ibid.
5 Ibid.

explore a different set of ideas. The exact order in which they were produced is not entirely clear, but Fretton talks precisely about the order in which the ideas were tested and clarified, and the role of each drawing in that process. They expose the varying status given to what is and is not drawn in each, depending on his confidence in the design of particular aspects of the building at the time of drawing. In the projection of the rear of the house, Fretton omits any sense of materiality, since he 'already knew that from the front drawing' – in which the red stone and brass figures of the elevation are drawn with considerable care and pleasure – and instead feels free to focus on the compositional relationship between window apertures, a balcony and the building's tropical hothouse and roof forms.[2] Fretton explains that he draws the parts of the building that he has confidence in, but equally, in other instances, it seems he also omits certain part of the building in which he is confident – the bits he has already dealt with and now knows well – in order to focus on other aspects of the design.[3]

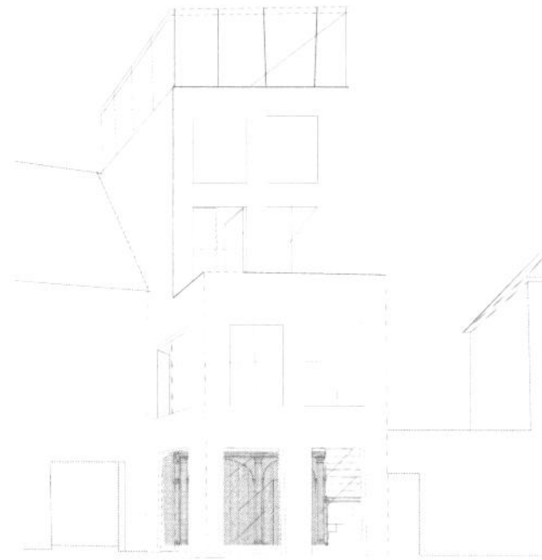

> p. 12
Tony Fretton, CAD drawing/ CAD-tekening, Building with Two Apartments, Groningen, 2001

In this sense, each of these drawings of the Red House can be read as a sentence, together adding up to a paragraph. Like a sentence, each is capable of saying more than one thing, and carrying more than a single idea, but has a clear purpose in relation to the other sentences. There is no need for one sentence to repeat what has just been written, or to state what will be articulated in the next. Each has a part to play, and together their composite conveys a richness of ideas, held together in their dedication to the overall experience of the building as a place. In effect, the aggregation of sentences give structure to the varied experiences of the building, whilst precluding the possibility of it being collapsed into a single idea or image.[4]

Convention and Intuition

Like writing, these drawings employ well-understood conventions to develop and communicate their ideas. In the mouse-drawings, Fretton utilises a reduced but recognisable language of architectural drawing conventions: line, dashed-line, hatch and fill. The outcome is at once familiar and strange. They have an awkwardness that might be attributed to the particular technique of drawing with a mouse: the reliance on the software's snap tolerances, the approximate way in which copied-and-pasted elements are arranged, and the use of a limited range of tools in order to draw with a directness analogous to hand drawing. As with Fretton's buildings, there is an unconventional use of convention. The not-entirely-natural process of drawing with a mouse translates known forms, motifs and techniques into previously unseen facsimiles and configurations. Nothing remains ordinary, even when ordinariness is the subject matter of the work.[5] It is particularly intriguing that while this tendency has always been present in Fretton's work, the decision to draw with a mouse proved – either through accident or design – to be a useful conduit for these subtle mutations.

Fretton notes the importance of the *off-hand* making of these drawings, each made 'during the heat of the design process'.[6] One is struck by the essentiality that each drawing of this period

2 Ibid.
3 Ibid.
4 Ibid.
5 Ibid.
6 Ibid

Fretton merkt op dat het belangrijk is dat deze tekeningen 'in het heetst van het ontwerpproces' uit de vrije hand gemaakt zijn.[6] Wat opvalt, is dat de tekeningen uit deze periode zich tot hoofdzaken lijken te beperken: elke lijn lijkt met een gevoel van urgentie te zijn gezet, eerder op basis van pure wilskracht of intuïtie dan vanuit een vooropgestelde reductie.[7] Fretton tekent wat voor hem van belang is – wat hij op dat moment tot de architectuur wil laten doordringen. Merkwaardig genoeg heeft hij in de overgang van handtekenen naar computertekenen blijkbaar geleerd om beter met de muis uit de vrije hand te tekenen dan met de pen. Hij legt het uit als volgt:

> Ik teken en teken en teken dingen tot ze zinvol worden of verdwijnen. Het gaat mij erom, de mogelijkheden van een ontwerp na te gaan en uit te zoeken wat de volgende stap zou kunnen zijn, of om na te denken welke onderdelen van het project kunnen worden uitgewerkt, totdat blijkt dat het inderdaad klopt of juist niet. Het gaat erom, het project steeds opnieuw van alle kanten te bekijken en te bewerken totdat het zegt, wat jij wilt.[8]

Toen hij nog uit de vrije hand tekende, betekende dit: ruwe schetsen maken, meerdere kopieën op calqueerpapier, overtrekken met inkt en potloodlijnen uitgummen. Dit proces neemt tijd in beslag en uiteindelijk neemt de directheid – ondanks de toegenomen precisie van elke volgende weergave – in de vertaling van schets naar tekening wat af. Het computertekenen sluit dit proces kort en dat is juist wat Fretton zo aantrekkelijk vond: de mogelijkheid opeenvolgend en direct te werken. Toen hij eenmaal kon knippen en plakken, op veel niveaus tegelijk kon werken, lijnen

6
Ibid.
7
Zie ook de tekeningen in: Javier Mozart en Aurora Fernández Per (red.), *Tony Fretton Architects: Abstraction and Familiarity* (Vitoria-Gasteiz: A+T Ediciones, 2001).
8
Gesprek met Tony Fretton, juli-augustus 2019.

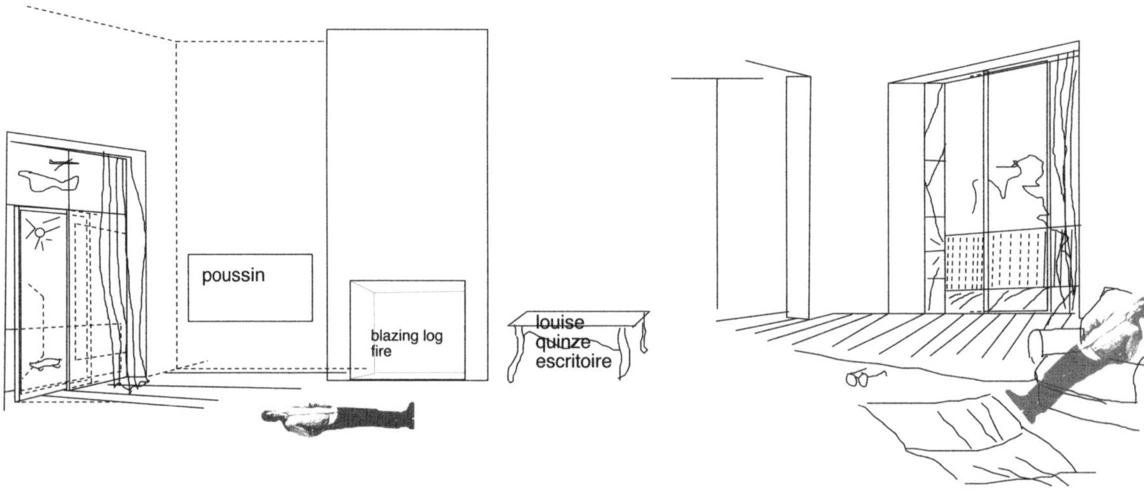

Tony Fretton, CAD drawing, interior sketch of the Red House/
CAD-tekening, interieurschets van Red House, London/Londen, 1997

seems to contain: every line appears to be located with a sense of immediacy, as if placed by pure will or intuition, rather than an *a priori* reductionist sensibility.[7] Fretton is drawing what matters to him – what he wants to instil in the architecture – in that moment. Curiously, in the transition from hand drawing to computer-drawing, Fretton was apparently able to achieve greater off-handness with a mouse than a pen. He explains:

> I draw and draw and draw things until they either make sense or they go away. It's about entering into the possibilities of something that I've designed, and finding out what it might say next, or thinking about which parts of the project could be elaborated, until you find that's either true or not. It's about turning the project over and over and over until it says what you want.[8]

With hand drawing this meant rough sketches, multiple tracings, drawing over in ink and rubbing out pencil marks. The process takes time, and eventually the immediacy – despite the increased precision with each rendition – is somewhat diluted in the translation from sketch to drawing. The attraction of computer drawing for Fretton was the short-circuiting of this process: the ability to work with seriality and immediacy. Through the capacity to copy-and-paste, work across many layers, modify lines immediately and save copies, it became possible for iteration to be off-hand.[9]

Open-ended-ness

Fretton's work has been described as a kind of 'open-ended conversation'.[10] This 'productive ambiguity', as Fretton describes it, is a well-documented characteristic of his buildings: an imbedded desire to accommodate multiple interpretations and occupations, through (among other means) leaving 'gaps'.[11] This is equally discernible in the drawings, as Katherine Clarke notes:

> The line in them is being shaped not just by what is drawn, but by the space left. . . . They seem to me to acknowledge that shaping forces will come after the building is finished, to accommodate them before they are known and in doing so to recognise that architecture is only the start, that buildings and cities come to full realisation in the minds and actions of others.[12]

This kind of openness comes from engaging architecture as a means for shaping situations, or settings, for life. Indeed, many of Fretton's drawings depict economically drawn, but diverse, spatial sequences, like frameworks into which places can be evolved through the imaginations of unknown authors.[13] The drawings selectively determine certain qualities (a relationship to the street, the spatial role of roof lights, or the primacy of a view, for example) that invest these future places with particularity. In practice, they establish a brief for the location and role of any architectural elaboration in supporting these qualities, but make no attempt to determine how they should be interpreted or understood. These drawings seem to acknowledge that architecture has a responsi-

7
See the drawings presented in: Javier Mozart and Aurora Fernández Per (eds.), *Tony Fretton Architects: Abstraction and* Familiarity (Vitoria-Gasteiz: A+T Ediciones, 2001).

8
Conversation with Tony Fretton, July-August 2019.

9
Ibid.

10
William Mann, 'The Architecture of the Unconscious Collective', in: Mozart and Fernández Per, *Tony Fretton Architects*, op. cit. (note 7), 15.

11
The sense of 'missing pages' has also been noted: Mark Cousins, 'Civil Architecture', in: Marc Cousins, Kenneth Frampton and Tony Fretton, *Architecture, Experience and Thought: Tony Fretton Architects* (London: Architectural Association, 1998).

12
Katherine Clarke, 'Tony Fretton's Drawings', *AEIOU* (Heijningen: Jap Sam Books, 2018), 151.

13
See sequences for the Laban Dance Centre competition (London, 1997), Gallery in Hoxton (London, 1998), Holton Lee (Dorset, 1999).

onmiddellijk kon aanpassen en kopieën op kon slaan, ontstond er een directheid in het hertekenen zelf.[9]

Open einde

Fretton's werk is wel beschreven als een soort 'gesprek met een open einde'.[10] Deze 'productieve dubbelzinnigheid', zoals Fretton het noemt, is een goed gedocumenteerde eigenschap van zijn gebouwen: een ingebakken verlangen om ruimte te bieden aan meerdere interpretaties en vormen van gebruik, onder meer door zaken 'oningevuld' te laten.[11] Dit is ook terug te zien in de tekeningen, zoals Katherine Clarke opmerkt:

> De lijnen krijgen niet alleen vorm door wat er getekend is, maar vooral door de ruimte die er overblijft. (...) Ze lijken te erkennen dat de vormgevende krachten pas een rol gaan spelen als het gebouw klaar is, en maken ruimte voor deze krachten eer ze bekend zijn en zodoende erkennen ze dat de architectuur slechts een begin is, dat gebouwen en steden hun volle wasdom bereiken door het denken en handelen van anderen.[12]

Dit soort openheid komt voort uit het gebruik van de architectuur als een middel om situaties, of een omgeving, geschikt te maken om in te leven. Veel van Fretton's tekeningen verbeelden dan ook spaarzaam getekende, maar gevarieerde ruimtelijke reeksen, als kaders waarin plekken kunnen ontstaan via de verbeelding van onbekende auteurs.[13] De tekeningen selecteren de eigenschappen (bijvoorbeeld de relatie tot de straat, de ruimtelijke rol van daklichten of het primaat van het uitzicht) die deze toekomstige plekken zo bijzonder maken. In de praktijk

9
Ibid.

10
William Mann, 'The Architecture of the Unconscious Collective', in: Mozart en Fernández Per, *Tony Fretton Architects*, op. cit. (noot 7), 15.

11
Het leek anderen ook dat er bladzijden ontbraken: Mark Cousins, 'Civil Architecture', in: Marc Cousins, Kenneth Frampton en Tony Fretton, *Architecture, Experience and Thought: Tony Fretton Architects* (Londen: Architectural Association, 1998).

12
Katherine Clarke, 'Tony Fretton's Drawings', *AEIOU* (Heijningen: Jap Sam Books, 2018), 151.

13
Zie ook de prijsvragen voor het Laban Dance Centre (Londen, 1997), de Hoxton Gallery (Londen, 1998) en Holton Lee (Dorset, 1999).

Tony Fretton, CAD drawing, front elevation of the Red House/
CAD-tekening, vooraanzicht van Red House, London/ Londen, 1997

bility to establish 'anchors' that will contribute to a place's character, but that they will exist in the precarious territory of life, and that they will need to 'persist in the world of use and misuse'.[14]

Life-like

Through his mouse-drawings, Fretton was able to get to a moment in which thinking, drawing and the ideas instilled in the design of a building achieve a kind of mutuality. In their economy, awkwardness and apparent naivety, these drawings contain a special closeness to life, sought in many facets of Fretton's work.[15] One senses that they were made by a human, using what they had available, in the best way they could.

Prior to these, Fretton had experimented with other digital improvisations, including drawing with a stylus, but found his hand to be steadier working with a mouse.[16] Later, he attempted to draw on a smart-phone – evident in a suite of sketches for the Westkaai towers in Antwerp, displayed in the 'Minis' exhibition at Betts Project in London in 2016 – but could not achieve the kind of expression he was looking for.[17] In reality, it's likely little more than chance that the technical crudity of the mouse-drawings appear contiguous with the economy of Fretton's buildings, but they do appear to share a very close sensibility ('you only have one mind and it operates in a certain way,' as Fretton puts it).[18]

Of course, this thesis could be applied to a number of architects, but what seems special to Fretton's work is what this reciprocal economy aspires to, why it is sought in the buildings, and why it

14
Conversation with Tony Fretton, July-August 2019.

15
Ibid.

16
Ibid.

17
Ibid.

18
Ibid.

Tony Fretton, CAD drawing, projection of the rear of the Red House/
CAD-tekening, projectie van de achterkant van Red House, London/ Londen, 1997

vormen ze een leidraad voor de locatie en de rol van eventuele architectonische ingrepen ter ondersteuning van deze eigenschappen, maar bepalen ze niet hoe ze moeten worden geïnterpreteerd of begrepen. De tekeningen lijken te erkennen dat architectuur de verantwoordelijkheid heeft om 'ankers' te bieden, die zullen bijdragen aan het karakter van een plek, maar dat deze onderworpen zijn aan de wisselvalligheden van het leven en 'stand moeten kunnen houden in een wereld van gebruik en misbruik'.[14]

Levensecht

Door zijn 'muistekeningen' kon Fretton een moment bereiken waarop het denken, tekenen en de ideeën die in het ontwerp van een gebouw vertegenwoordigd zijn, een soort van wederkerigheid bereiken. De tekeningen vertegenwoordigen met hun spaarzame werkwijze, hun onhandigheid en kennelijke naïviteit een bijzondere nabijheid tot het leven die Fretton in veel facetten van zijn werk lijkt na te streven.[15] Het is te voelen dat ze door een mens zijn gemaakt, een mens die gebruik maakte van de middelen die hij tot zijn beschikking had, op de best mogelijke manier.

Fretton had wel eerder geëxperimenteerd met digitaal improviseren, bijvoorbeeld met het tekenen met een stilus, maar vond dat zijn hand vaster was als hij met de muis werkte.[16] Later probeerde hij op de smartphone te tekenen – zoals te zien in een serie schetsen voor de Westkaaitorens in Antwerpen, geëxposeerd op de tentoonstelling 'Minis' bij Betts Project (Londen, 2016) – maar hij slaagde er niet in de expressiviteit te vinden waarnaar hij op zoek was.[17] Waarschijnlijk was het gewoon toeval dat de technische grofheid van de 'muistekeningen lijkt aan te sluiten bij de doelmatigheid van Fretton's gebouwen, maar ze lijken qua gevoeligheid wel sterk op elkaar ('Je hebt maar één geest en die werkt op een bepaalde manier,' zou Fretton zeggen).[18]

Deze stelling is natuurlijk van toepassing op heel veel architecten, maar wat specifiek lijkt voor het werk van Fretton is zijn streven naar een soort wederkerige spaarzaamheid, waarom dit in de gebouwen wordt opgezocht, en waarom het zo ongewoon krachtig aanvoelt wanneer dit streven in de tekeningen terugkomt. De tekeningen worden gebruikt als onderdeel van de zoektocht: het zijn niet alleen representaties, maar ook middelen om ideeën te destilleren en te bekritiseren en om te begrijpen wat de architectuur voor een project kan doen en hoe die het beste kan worden ingezet om die doelen te bereiken.

Fretton lijkt zich er niet altijd van bewust te zijn dat dit uit de tekeningen zelf valt op te maken. Hij heeft weleens gezegd dat hij zijn tekeningen tot voor kort als bijproducten beschouwde, alleen bedoeld om een gebouw gerealiseerd te krijgen.[19] Als hij het echter heeft over de tekeningen van andere architecten die hij bewondert, zoals de tekeningen op ruitjespapier van Sigurd Lewerentz of de 'wereld'' van de tekeningen van De Vylder Vinck Taillieu, dan blijkt hij eigenschappen te bewonderen die een duidelijke associatie vertonen met het hier besprokene: de relatie tussen spaarzaamheid en beperking, de nauwkeurige selectie van wat men wil tekenen, de aanwezigheid van sociaal commentaar en vooral het plezier in de nieuwsgierigheid, de wijsheid en het inlevingsvermogen die achter het werk schuilgaan. Fretton vertelde eens dat Jan de Vylder hem ooit had toevertrouwd dat hij als student een exemplaar van de tentoonstellingscatalogus *Architecture, Experience and Thought* op zijn bureau

14
Gesprek met Tony Fretton, juli-augustus 2019.
15
Ibid.
16
Ibid.
17
Ibid.
18
Ibid.
19
Ibid.

feels uncommonly powerful when this same pursuit is present in the drawings. The drawings are being used as part of the search. More than representations, they are means through which to distil and critique ideas, to understand what architecture can do in a project, and how it might best be located to achieve those aims.

Fretton doesn't always seem to be conscious of the legibility of this in the drawings themselves, noting that until recently he'd considered drawings to be by-products, serving only to get a building built.[19] However, when he talks about the drawings of other architects that he admires, such as the ruled drawings of Sigurd Lewerentz, or the 'world' of drawings produced by De Vylder Vinck Taillieu, he celebrates qualities that have a clear association to those discussed here: the relationship between sparseness and spareness, the precise selection of what to draw, the presence of social commentary and an overarching pleasure in the curiosity, wit, and empathy that sits behind the work. Fretton notes that Jan de Vylder once told him that a copy of the exhibition catalogue *Architecture, Experience and Thought* was on his desk as a student.[20] Indeed, the influence of Fretton's drawings on the work of subsequent generations of architects, in the UK and the Low Countries in particular, cannot be overstated. Fretton acknowledges this with mild deliberation: 'You're not fully aware of the resonances of what you make. The possibilities only become clear much later.'[21]

Perhaps this quasi-subconscious property is part of what make the drawings so appealing: that an instinctive drive to shape a more sociable and enriching environment – in which architecture supports and stimulates, but doesn't get in the way, or reduce the range of possibilities – guides each line Fretton chooses to draw. This sensibility in his work shows us that it is possible for an economy of drawing, and a subsequent economy of architecture, to constitute a truly generous offering.

19
Ibid.

20
Ibid., referring to: Cousins, Frampton and Fretton, *Architecture, Experience and Thought*, op. cit. (note 11).

21
Ibid.

had liggen.[20] De invloed van Fretton's tekeningen op het werk van volgende generaties architecten, vooral in Groot-Brittannië en in de Lage Landen, is van niet te overschatten belang. Fretton erkent dit op zijn milde, bedachtzame manier: 'Je bent je nooit volledig bewust van de weerklank van wat je maakt. De mogelijkheden worden pas veel later duidelijk.'[21]

Misschien is deze quasi-onderbewuste eigenschap een onderdeel van wat de tekeningen zo aantrekkelijk maakt: dat een instinctieve drang om een meer sociale en verrijkende omgeving te ontwerpen – een omgeving waarin de architectuur ondersteunt en stimuleert, maar niet in de weg staat of het scala van mogelijkheden beperkt – de leidraad vormt voor elke lijn die Fretton verkiest te tekenen. De gevoeligheid die uit zijn werk blijkt maakt ons duidelijk dat een spaarzame manier van tekenen en de daaruit voortvloeiende spaarzame architectuur een werkelijk genereus aanbod kunnen vormen.

Vertaling: InOtherWords, Maria van Tol

20
Ibid., verwijst naar: Cousins, Frampton en Fretton, *Architecture, Experience and Thought*, op. cit. (noot 11).

21
Ibid.

Leonidas Koutsoumpos

Practices of Sectioning

Ancient Greek Fragments

Although it is well known that every conventional architectural drawing is a *section*, it is surprising how sparse the research is that examines the nature and the origins of the intellectual 'cutting' that designers habitually do during the design process. At the same time, very little attention has been given to the conceptual significance that sections have played in the history of Western civilisation. The limited literature on the field takes for granted that sections started during the late Middle Ages or early Renaissance.[1] The oldest complete drawing of an architectural section appears to be that of the workshop of Peter Parler for the Prague Cathedral (c. 1430), while an older, rather incomplete example, appears in the sketchbook of Villard de Honnecourt (c. 1220).[2] This paper is a brief attempt to expand the spectrum to include the ancient world. It has been suggested that drawings played a surprisingly small role in the communication of design ideas in ancient Greece.[3] Their use was most probably limited to architectural details, while the architectural concept would be taken for granted, through a series of building types that changed very slowly over time. Against this background, we will examine a representation of a building structure that appears to be in section from the late archaic period. This is not an architectural drawing per se, but a drawing on a vase made by a painter. Nevertheless, it allows us to discuss how architectural ideas influenced other intellectual and artistic practices, thus moving the interest from the drawing of a section as a final product to practices of sectioning that were developed during this period of time.

The drawing we will discuss was found on a fragment of an ancient Greek vase (*dinos*) that was discovered at Pharsalos, but was created in Athens around 570 BCE. The vase was made by Sophilos, the first documented potter and vase painter from Athens to sign his work.[4] This vase is one of the first attempts to represent a narrative of an entire scene and not just isolated decorative elements.[5] The scene depicts a chariot race that was held during the funeral games for Patroclus, as described in the *Iliad* (book 23, 362). What is interesting for us is the depiction of enthusiastic spectators sitting on a *cavea* that is depicted in section. The *cavea* is represented as a solid mass in section, similar to how we would draw it today.

The drawing on the Pharsalos vase was most probably inspired by a wooden structure (*ikria*)[6] that was erected at the Ancient Agora of Athens for the spectators who attended various festival rituals. The fact that such a construction appears on a vase of this period is indicative of the influence that it had on the contemporary Athenians.[7] *Ikria* were straight timbers forming the benches of the

1
Jacques Guillerme, Hélène Vérin and Stephen Sartarelli, 'The Archaeology of Section', *Perspecta* 25 (1989), 226-257.

2
James S. Ackerman, *Origins, Imitation, Conventions: Representation in the Visual Arts* (Cambridge, MA: MIT Press, 2002).

3
Jim J. Coulton, 'Greek Architects and the Transmission of Design', in: *Architecture et Société: De l'archaïsme Grec à La Fin Dela République: Actes Du Colloque International Organisé Par Le Centre National de La Recherche Scientifique et l'École-française de Rome (Rome 2-4 Décembre 1980)* (Rome: École Française de Rome, 1983), 466.

4
Martin F. Kilmer and Robert Develin, 'Sophilos' Vase Inscriptions and Cultural Literacy in Archaic Athens', *Phoenix* 55/1+2 (2001), 19.

5
Joannis Mylonopoulos, 'Greek Sanctuaries as Places of Communication through Rituals: An Archaeological Perspective', in: Eftychia Stavrianopoulou (ed.), *Ritual and Communication in the Graeco-Roman World* (Liége: Presses universitaires de Liège, 2013), 41.

6
David Kawalko Roselli, *Theater of the People: Spectators and Society in Ancient Athens* (Austin: University of Texas Press, 2011), 71.

7
Christina Papastamati-Von Moock, 'The Wooden Theater of Dionysos Eleuthereus in Athens: Old Issues, New Research', in: Rune Frederiksen et al. (eds.), *The Architecture of the Ancient Greek Theatre* (Aarhus: Aarhus University Press, 2015).

Leonidas Koutsoumpos

De doorsnede als praktijk

Oud-Griekse fragmenten

Hoewel bekend dat alle conventionele architectuurtekeningen doorsneden zijn, is het verrassend hoe weinig onderzoek er is gedaan naar aard en oorsprong van deze intellectuele 'ontleding' die ontwerpers gewoonlijk tijdens het ontwerpproces uitvoeren. Tegelijkertijd is er ook nooit veel aandacht besteed aan de conceptuele rol die de doorsnede in de geschiedenis van de westerse beschaving heeft gespeeld. De beperkte literatuur over het onderwerp gaat ervan uit dat de vroegste doorsneden uit de late Middeleeuwen of de vroege Renaissance dateren.[1] De oudste volledige tekening van een architectonische doorsnede lijkt door het atelier van Peter Parler voor de Praagse kathedraal (ca. 1430) te zijn gemaakt; een ouder, tamelijk onvolledig exemplaar duikt op in het schetsboek van Villard de Honnecourt (ca. 1220).[2] Dit artikel is een bondige poging om dit spectrum uit te breiden met de Oudheid. Er wordt wel gesuggereerd dat tekeningen in het oude Griekenland een verrassend kleine rol speelden bij de overdracht van ontwerpideeën.[3] Ze werden hoogstwaarschijnlijk alleen gebruikt voor details, terwijl het architectonische concept dankzij een reeks gebouwtypen die in de loop der tijd maar zeer langzaam veranderde, als vanzelfsprekend werd beschouwd. Tegen deze achtergrond kijken we naar een afbeelding van wat een doorsnede van een constructie lijkt te zijn, die afkomstig is uit de laat-archaïsche periode. Het is op zichzelf gezien geen architectuurtekening, maar een tekening op een vaas, gemaakt door een schilder. De afbeelding stelt ons echter in staat om te bespreken hoe ideeën over architectuur andere intellectuele en artistieke praktijken beïnvloedden, zodat de focus van de getekende doorsnede als eindproduct verschuift naar andere manieren om doorsneden te maken, die in deze periode werden ontwikkeld.

De betreffende tekening is aangetroffen op een fragment van een oude Griekse vaas (*dinos*) die werd gevonden bij Pharsalos, maar rond 570 v.Chr in Athene werd gemaakt. De maker van de vaas heette Sophilos en voor zover valt te documenteren was hij de eerste pottenbakker en vaasschilder uit Athene die zijn werk signeerde.[4] Deze vaas bevat één van de eerste pogingen om een verhaal of een hele scène weer te geven in plaats van alleen maar geïsoleerde decoratieve elementen.[5] De scène verbeeldt de wagenrennen die tijdens de begrafenisspelen ter ere van Patroclus plaatsvonden, zoals beschreven in de Ilias (boek 23, 362). Interessant voor ons is de voorstelling van enthousiaste toeschouwers op een *cavea* (tribune) die in doorsnede wordt weergegeven. De doorsnede van de *cavea* wordt verbeeld als een solide massa, zoals we dat nu ook zo zouden tekenen.

De tekening op de Pharsalos-vaas is hoogstwaarschijnlijk geïnspireerd door het soort houten bouwwerk (*ikria*) dat op de oude agora van Athene bij festivalrituelen werd opgericht voor toeschouwers.[6] Het feit dat een dergelijk bouwsel op een vaas uit deze periode staat, is een aanwijzing

1
Jacques Guillerme, Hélène Vérin en Stephen Sartarelli, 'The Archaeology of Section', *Perspecta* 25 (1989), 226-257.

2
James S. Ackerman, *Origins, Imitation, Conventions: Representation in the Visual Arts* (Cambridge, MA: MIT Press, 2002).

3
Jim J. Coulton, 'Greek Architects and the Transmission of Design', in: *Architecture et Société: De l'archaïsme Grec à La Fin Dela République: Actes Du Colloque International Organisé Par Le Centre National de La Recherche Scientifique et l'Écolefrançaise de Rome (Rome 2-4 december 1980)* (Rome: École Française de Rome, 1983), 466.

4
Martin F. Kilmer en Robert Develin, '"Sophilos" Vase Inscriptions and Cultural Literacy in Archaic Athens', *Phoenix* 55/1+2 (2001), 19.

5
Joannis Mylonopoulos, 'Greek Sanctuaries as Places of Communication through Rituals: An Archaeological Perspective', in: Eftychia Stavrianopoulou (red.), *Ritual and Communication in the Graeco-Roman World* (Luik: Presses universitaires de Liège, 2013), 41.

6
David Kawalko Roselli, *Theater of the People: Spectators and Society in Ancient Athens* (Austin: University of Texas Press, 2011), 71.

theatres, *before* the theatre was born,[8] providing thus much speculation about the gradual change of the shape of the ancient theatre from their initial rectilinear form to the well-known circular ones of the late classical period.[9] Documents point to the fact that such wooden structures were prone to collapse, which led to the construction of the classical phase of the theatre that was made out of stone, thus creating the well-known architectural type that became widespread in the ancient world. Of special interest is the outline of the *ikria* that has been incised on the vase (due to its black-figure technique),[10] which provides the abstract figure of a theatre type.[11] The building of the theatre is created through the rotation of the single line of its section. In the centre sits the orchestra which establishes a spatial division between performers and observers, cultivating, at the same time, a mode of viewing.[12] Although this can also be achieved through the organisation of the plan, the *cavea* that is provided by the section accentuates the sightline, downward and inward. This single line resolves all major practicalities that are crucial for the functioning of the theatre, most importantly the sightline and the acoustics. The Pharsalos vase demonstrates the abstract depiction of a section focusing on the overall architectural concept. Such depictions have a strong connection with a way of thinking that gradually developed in Ancient Greece that indicates a practice of sectioning that was developed through time. The increased interest in rational thinking and especially the way that geometry can be applied to architectural structures must have contributed to this account.[13]

8
Margarete Bieber, *The History of the Greek and Roman Theater* (Princeton: Princeton University Press, 1961), 63-64.

9
Papastamati-Von Moock, 'The Wooden Theater of Dionysos Eleuthereus', op. cit. (note 7).

10
John Boardman, *Athenian Black Figure Vases: A Handbook* (London: Thames & Hudson, 1974).

11
Coulton, 'Greek Architects and the Transmission of Design', op. cit. (note 3), 457.

12
Jessica Paga, 'The Greek Theater', in: Margaret Miles (ed.), *A Companion to Greek Architecture* (Hoboken: John Wiley & Sons, 2016), 367.

13
Ibid., 371.

Sophilos Painter, fragment of Pharsalos Vase, 570 BCE/
Fragment van de Pharsalos-vaas, ca. 570 v.Chr

voor het belang ervan voor de Atheners uit die tijd.[7] De *ikria* waren de rechte houten balken waaruit de banken van de theaters bestonden, voordat het theater werd geboren,[8] en ze leidden tot veel speculatie over de geleidelijke overgang van de vorm van het theater in de Oudheid: van de oorspronkelijke rechtlijnige vorm naar de bekende ronde vorm uit de laat-klassieke periode.[9] Uit documenten blijkt dat deze houten bouwsels de neiging hadden in te storten, en dit leidde tot de constructie van de klassieke vorm van het stenen theater, dus tot de creatie van het bekende type dat in de Oudheid overal was te vinden. Van bijzonder belang is het silhouet van de *ikria* die in de vaas is gegrift (vanwege de zwartfigurige techniek),[10] die de abstracte figuur van een theatertype vertoont.[11] De constructie van het theater komt tot stand via het roteren van de enkelvoudige lijn van de doorsnede. In het centrum bevindt zich het orkest dat een ruimtelijke scheiding tussen de spelers en het publiek tot stand brengt, waarbij tegelijkertijd een bepaalde manier van kijken wordt gecultiveerd.[12] Hoewel dit ook kan worden bereikt via de organisatie van de plattegrond, stuurt de *cavea*, die in doorsnede is afgebeeld, de zichtlijn naar beneden en naar binnen toe. Deze ene lijn lost allerlei belangrijke praktische kwesties op die cruciaal zijn voor het functioneren van het theater, met name de zichtlijn en de akoestiek. De Pharsalos-vaas is een voorbeeld van een abstracte weergave van een doorsnede, gericht op een architectonisch totaalconcept. Dergelijke voorstellingen worden sterk geassocieerd met een manier van denken die zich geleidelijk in het oude Griekenland ontwikkelde en die wijst op een manier van ontleden die in de loop van de tijd is ontwikkeld. De toenemende belangstelling voor het rationele denken, en vooral voor de manier waarop de meetkunde kon worden toegepast op gebouwen, moeten hiertoe hebben bijgedragen.[13]

Geleidelijk aan werd 'doorsnijden' of 'ontleden' een manier om kennis in het algemeen te begrijpen: het werd een manier om te weten. In de filosofie werd een epistemologische manier ontwikkeld om kennis te definiëren door middel van wat bekend staat als 'verzameling en verdeling' of 'dichotome verdeling', die zijn oorsprong vindt in Plato's latere dialogen (*Phaidros, Sophista, Politicus*).[14] In zijn *Phaidros*, bijvoorbeeld, prijst Plato de vaardigheid om 'dingen te ontleden, stukje voor stukje, volgens hun natuurlijke geledingen, zonder te proberen ze te breken zoals een incompetente slager zou doen'.[15] Iets dat kan worden gekend, onderscheidt zich van andere concepten en kan dus worden gedefinieerd door het af te scheiden van zijn subvariëteiten. Met andere woorden, een definitie kan worden gezien als de handeling waarbij een bepaald object, dat als een waarachtig wezen kan worden geïdentificeerd, uit het oneindige doek van de kennis wordt gesneden.

Plato's manier om kennis te definiëren door middel van intellectuele 'ontleding' of 'uitsnijding' werd geërfd door Aristoteles.[16] Hoewel Aristoteles in zijn *De partibus animalium* expliciet kritiek levert op deze ontledingsmethode staat hij bekend als de filosoof van het analytisch denken bij uitstek. Vooral in zijn *Categoriae* probeert hij de meest algemene soorten te definiëren waarin entiteiten in de wereld kunnen worden onderverdeeld. Dit leidt tot zijn definitie van 'de soort die gekend kan worden': een soort kan gekend worden als we de ruimere genus (het bovenliggende geslacht) kennen en de eigenschap die de soort van de rest onderscheidt, bijvoorbeeld in: mens = dier + rede. Het kunnen onderscheiden van dit kritische verschil is uiterst belangrijk bij het nauwkeurig

7
Christina Papastamati-Von Moock, 'The Wooden Theater of Dionysos Eleuthereus in Athens: Old Issues, New Research', in: Rune Frederiksen et al. (red.), *The Architecture of the Ancient Greek Theatre* (Aarhus: Aarhus University Press, 2015).

8
Margarete Bieber, *The History of the Greek and Roman Theater* (Princeton: Princeton University Press, 1961), 63-64.

9
Papastamati-Von Moock, 'The Wooden Theater of Dionysos Eleuthereus', op. cit. (noot 7).

10
John Boardman, *Athenian Black Figure Vases: A Handbook* (Londen: Thames & Hudson, 1974).

11
Coulton, 'Greek Architects and the Transmission of Design', op. cit. (noot 3), 457.

12
Jessica Paga, 'The Greek Theater', in: Margaret Miles (red.), *A Companion to Greek Architecture* (Hoboken: John Wiley & Sons, 2016), 367.

13
Ibid., 371.

14
Julius Moravcsik, 'Plato's Method of Division', in: *Patterns in Plato's Thought, Synthese Historical Library* (Dordrecht: Springer, 1973), 158-180; Marguerite Deslauriers, 'Plato and Aristotle on Division and Definition', *Ancient Philosophy* 10/2 (1990), 203-219.

15
Plato (vertaling Robin Waterfield), *Phaedrus* (Oxford: Oxford University Press, 2002), 265e.

16
Mary Louise Gill, 'Method and Metaphysics in Plato's Sophist and Statesman', 2009, http://plato.stanford.edu/entries/plato-sophstate/.

Gradually, 'cutting' became a way of understanding knowledge in general: establishing a *method of knowing*. In philosophy, an epistemological way of defining knowledge was proposed through what is known as 'collection and division' or 'dichotomous division' that has its origins in Plato's later dialogues (*Phaedrus, Sophist, Statesman*).[14] In *Phaedrus,* for example, Plato praises the skill of being 'able to cut things up again, class by class, according to their natural joints, rather than trying to break them up as an incompetent butcher might'.[15] Something that can be known is distinguished from other concepts and can be defined by being divided from its sub-varieties. In other words, a definition can be seen as the action of cutting out from the infinite canvas of knowledge a particular object that can be identified as a true being.

Plato's way of defining knowledge through intellectual 'cutting' was handed down to Aristotle.[16] Although Aristotle explicitly criticises the method of division in *Parts of Animals,* he came to be known as the philosopher par excellence of analytical thinking. Especially in *Categories* he seeks to define the most general kinds into which entities in the world can be divided. This leads to the definition of a species that can be known: if we know the wider genus and the property that makes it different from the rest, as in, for example, man = animal + reason. Being able to discern the *critical difference* is of great importance in order to be able to cut accurately, and to develop a systematic understanding of the world. As we can see, both Plato and Aristotle, the two cornerstones of Ancient Greek philosophy, dealt with the issue of cutting as a *method* of doing philosophy and defining knowledge. Their intellectual cutting set the foundations for developing *practices of sectioning* in various other fields of human intellect.

The drawing on the Pharsalos vase, the typology of the theatre and the philosophical way of thinking that emerged allow for a speculation about the differences of the various practices of sectioning. The practice of cutting in philosophy is an intellectual practice that is well rooted in the philosophical origins of rationalism and analytic thinking: it is about cutting things apart, dividing them and categorising them. In design practices related to space, apart from the analytical power that a section has, it also has a unique power to synthesise, by establishing a new relation between the constituent parts.

In architecture, sectioning as a practice of cutting space in order to understand it became a way of thinking, which means a way of observing, analysing and designing space. In the sphere of architectural design, drawing a section is not just a way of documenting an existing building, as an archaeologist would do if he or she found a theatre during an excavation.[17] What is of main interest is the practice of drawing a section in order to create new architectural settings that did not exist before.[18] Sectioning, in this way, becomes an ordering principle. In the theatre, for example, one single line solves everything at once, almost the entire architectural problem: the proportions of the seating, the space for resting the legs, the space between two consecutive rows, and, all of this in relation to the sloping ground of the landscape. This mode of thinking forms

14
J.M.E. Moravcsik, 'Plato's Method of Division', in: *Patterns in Plato's Thought, Synthese Historical Library* (Dordrecht: Springer, 1973), 158-180; Marguerite Deslauriers, 'Plato and Aristotle on Division and Definition', *Ancient Philosophy* 10/2 (1990), 203-219.

15
Plato (translated by Robin Waterfield), *Phaedrus* (Oxford: Oxford University Press, 2002), 265e.

16
Mary Louise Gill, 'Method and Metaphysics in Plato's Sophist and Statesman', 2009, http://plato.stanford.edu/entries/plato-sophstate/.

17
Leonidas Koutsoumpos, 'Drawing Sections,' in: *Art, Materiality and Representation* (London: RAI, British Museum and SOAS, 2018).

18
Edward C. Harris, *Principles of Archaeological Stratigraphy* (Amsterdam: Elsevier, 2014), 82.

ontleden en ontwikkelen van een systematisch begrip van de wereld. Zoals we hebben gezien, hield zowel Plato als Aristoteles, de twee hoekstenen van de oud-Griekse filosofie, zich bezig met de kwestie van het ontleden als methode om filosofie te bedrijven en kennis te vergaren. Hun intellectuele ontleding heeft de basis gelegd voor de ontwikkeling van 'ontleedpraktijken' in verschillende andere toepassingsgebieden van het menselijk intellect.

De tekening op de Pharsalos-vaas, de typologie van het theater en de ontstane filosofische denkwijze laten ruimte voor speculatie over de verschillen tussen de diverse manieren om doorsneden te maken. In de filosofie is het ontleden een intellectuele praktijk die stevig geworteld is in de filosofische oorsprong van het rationalisme en het analytisch denken: het gaat erom de dingen door te snijden, ze op te delen en ze onder te brengen in categorieën. In de ruimtelijke ontwerppraktijk heeft de doorsnede niet alleen analytische vermogens, maar ook het unieke vermogen om te synthetiseren, door een nieuwe relatie tussen samenstellende delen tot stand te brengen.

In de architectuur ontwikkelde het maken van doorsneden – als een manier om de ruimte te ontleden om deze te begrijpen – zich tot een manier van denken, dat wil zeggen, tot een manier om de ruimte te observeren, analyseren en ontwerpen. In de sfeer van het architectuurontwerp is het tekenen van een doorsnede niet alleen een manier om een bestaand gebouw te documenteren, zoals een archeoloog zou doen wanneer hij tijdens een opgraving een theater ontdekt.[17] Het belangrijkste doel van het tekenen van een doorsnede is om een nieuwe architectonische omgeving te creëren die voorheen niet bestond.[18] Zó toegepast wordt het maken van doorsneden een ordenende handeling. In het theater lost één lijn alle kwesties in een keer op, bijna het hele architectonische vraagstuk: de verhoudingen van de stoelen, de beenruimte, de ruimte tussen twee opeenvolgende rijen en dit alles in relatie tot de ondergrond van het glooiende landschap. Deze manier van denken biedt een specifieke manier om problemen in de architectuur via een doorsnede op te lossen, om een gordiaanse knoop door te hakken. De afbeelding van de *ikria* op de Pharsalos-vaas is weliswaar geen architectuurtekening, maar documenteert wel een kritisch punt in de ontwikkeling van het oud-Griekse theaterontwerp. Het is een levendige afbeelding van een architectonisch type dat juist omdat het de mogelijkheid heeft abstract te zijn, het totaalconcept in één keer overbrengt.

Toen de Oudheid in West-Europa in de late Middeleeuwen en de vroege Renaissance werd herontdekt, groeide het maken van doorsneden uit tot de canonieke manier om een gebouw voor te stellen. Zelfs het perspectief, de belangrijkste ontdekking voor de representatie van die tijd, werd oorspronkelijk opgevat als een doorsnede van de gezichtskegel.[19] In de zeventiende eeuw groeiden de verschillende manier om doorsneden te maken uit tot een obsessie in de Europese epistemologie, zoals blijkt uit de ontwikkeling van de menselijke anatomie en de mechanisatie van de fysiologie van het menselijk lichaam.[20] De vroegmoderne anatomie bracht een 'cultuur van ontleding' voort die van invloed was op de manier waarop de mens de wereld in filosofische, theologische, poëtische, theatrale, rechtsrituele, kunstzinnige en constructieve zin conceptualiseerde.[21] Deze nieuwe manieren van doorsnijden leidden echter tot een schisma in de aard van de representatie, dat de Tsjechische architectuurtheoreticus Dalibor

17
Leonidas Koutsoumpos, 'Drawing Sections,' in: *Art, Materiality and Representation* (Londen: RAI, British Museum & SOAS, 2018).

18
Edward C. Harris, *Principles of Archaeological Stratigraphy* (Amsterdam: Elsevier, 2014), 82.

19
Alberto Pérez-Gómez en Louise Pelletier. *Architectural Representation and the Perspective Hinge* (Cambridge, MA/Londen: MIT Press, 1998), 13; zie ook: Paul Emmons, ' A Window to the Soul: Depth in Early Modern Section Drawing', in: Donald Kunze et al. (red.), *Architecture Post Mortem: The Diastolic Architecture of Decline, Dystopia, and Death* (Farnham: Ashgate Publishing, 2013), 157.

20
Robin Evans, *The Projective Cast: Architecture and Its Three Geometries* (Cambridge, MA: MIT Press, 2000).

21
Jonathan Sawday, *The Body Emblazoned : Dissection and the Human Body in Renaissance Culture* (Londen: Routledge, 1995).

a specific practice of solving an architectural problem through one section, like cutting a Gordian knot. The depiction of *ikria* on the Pharsalos vase, although it is not an architect's drawing, does document a critical point in the development of theatre design in Ancient Greece. It shows the architectural type vividly, exactly because it has the power to be abstract and, in doing so, to convey the overall concept at once.

This practice of sectioning became the canonical way of representing buildings when antiquity was rediscovered in Western Europe, in the late Middle Ages and the early Renaissance. Even the perspective, the major representational invention of the time, was originally conceived as a section in the cone of vision.[19] Gradually, in the seventeenth century, various practices of sectioning became an obsession in European epistemology, as it becomes evident in the development of human anatomy and the mechanisation of the physiology of the human body.[20] Early modern anatomy produced a 'culture of dissection', affecting the way that humans conceptualised the entire world in terms of philosophy, theology, poetry, theatre, rituals of justice, art and buildings.[21] These new practices of sectioning, though, led to a schism in the nature of representation, leading Czech architecture theorist Dalibor Vesely to name our current era as the age of *divided representation*. According to Vesely, this schism privileged the instrumental and rationalistic aspects of life, which gradually overthrew the creative, aesthetic and ethical ones that used to give meaning to human life.[22]

Designing without sections has proven to be unthinkable in architecture. Nevertheless, the current evolution of design software, specifically the so-called Building Information Modelling software packages, appear to invert the design process of sectioning. The building is first designed in 3D and virtually constructed and only afterwards is it cut in order to extract the sections, making them easy and ubiquitous.[23] But could this shift change the way we design, and especially, could this change the way we conceive architecture? In order to answer this we have to understand the process of drawing *with* sections. For the skilled practitioner, space is not an indifferent magma of continuum: space and buildings have lines of resistance and grains that like wood or marble make it more meaningful to cut in one direction than in another. Pursuing a different conceptualisation of spatial design as in contemporary computer modelling software might also require us to rethink the epistemological frameworks through which we can know and understand the world, both in its spatial dimensions as in its conceptual categories.

19
Alberto Pérez-Gómez and Louise Pelletier. *Architectural Representation and the Perspective Hinge* (Cambridge, MA/London: MIT Press, 1998), 13; see also: Paul Emmons, 'A Window to the Soul: Depth in Early Modern Section Drawing', in: Donald Kunze et al (eds.), *Architecture Post Mortem: The Diastolic Architecture of Decline, Dystopia, and Death* (Farnham: Ashgate Publishing, 2013), 157.

20
Robin Evans, *The Projective Cast: Architecture and Its Three Geometries* (Cambridge, MA: MIT Press, 2000).

21
Jonathan Sawday, *The Body Emblazoned : Dissection and the Human Body in Renaissance Culture* (London: Routledge, 1995).

22
Dalibor Vesely, *Architecture in the Age of Divided Representation: The Question of Creativity in the Shadow of Production* (Cambridge, MA/London: MIT Press, 2004).

23
Leonidas Koutsoumpos, 'Architectural Sections in a Digital Era', in: *Rethinking the Human in Technology-driven Architecture* (Chania: European Association for Architectural Education, 2011).

Vesely ertoe bracht om onze huidige tijd te benoemen als het tijdperk van *verdeelde representatie*. Volgens Vesely bevoordeelde dit schisma de instrumentele en rationalistische aspecten van het leven die geleidelijk aan de creatieve, esthetische en ethische aspecten verdrongen die vroeger het menselijk leven zin gaven.[22]

In de architectuur is ontwerpen zonder doorsneden ondenkbaar gebleken. Toch lijkt de huidige evolutie van de ontwerpsoftware, met name de zogenaamde Building Information Modelling softwarepakketten, het op doorsneden gebaseerde ontwerpproces om te keren. Het gebouw wordt eerst driedimensionaal ontworpen en virtueel geconstrueerd, en pas daarna wordt het gebouw ontleed om de doorsneden te extraheren, die zo ruim beschikbaar worden.[23] Maar kan deze verschuiving de manier waarop we ontwerpen veranderen en, belangrijker nog, kan ze de manier waarop we architectuur opvatten veranderen? Om deze vraag te kunnen beantwoorden, moeten we het proces van tekenen begrijpen waarmee we doorsneden maken. Voor de ervaren tekenaar is ruimte geen gelijkmatig continuüm: ruimte en gebouwen bieden een weerstand zoals de nerven in hout of marmer, die het zinvoller maken om in de ene richting te snijden dan in de andere. Als we een andere conceptualisering van het ruimtelijk ontwerp willen nastreven, zoals in de hedendaagse ontwerpsoftware, dan moeten we misschien ook de epistemologische kaders heroverwegen waarbinnen we de ruimtelijke dimensies en de conceptuele categorieën van de wereld kunnen kennen en begrijpen.

Vertaling: InOtherWords, Maria van Tol

22
Dalibor Vesely, *Architecture in the Age of Divided Representation: The Question of Creativity in the Shadow of Production* (Cambridge, MA/Londen: MIT Press, 2004).

23
Leonidas Koutsoumpos, 'Architectural Sections in a Digital Era' in: Maria Vogiatzaki, Spyridonidis Konstantinos-Viktor (red.), *Rethinking the Human in Technology-driven Architecture* (Chania: European Association for Architectural Education, 2011).

Jantje Engels

The Sheet for the Job

The elevation of the Engineering Faculty in Leicester, a building by James Stirling and James Gowan, is in the centre of the tracing paper: a drawing composed of vertical, horizontal and diagonal black lines. A series of height lines and dimensions have been applied effectively, showing that the construction is based on a unitary measurement system. At first sight, the drawing resembles a study. At the bottom, other intersecting lines have been drawn, which appear to be inquisitive in nature, although their direct meaning remains vague. But the specific proportions of the different volumes in relation to each other is more reminiscent of a drawing with a representative character. This is a drawing that captures the essence of the design, namely the geometric and sculptural quality.

The drawing shows a high-rise in the foreground, a plinth and a protruding circulation core with bulky suspended volumes to the right and left. In the background and below, a row of identical buildings with pointed roofs have been added in two storeys. A closer reading will also show the ramp at the level of the plinth and the two auditoriums, as well as the overhanging stairwell of the circulation core – but this is only for the experienced gaze of those familiar with the building.

The drawing does not tell much more, there are no indications of the use of materials, façade openings or context. It appears to have been drawn with a soft pencil, the lines vary in thickness and are not always sharp, and it is unclear whether a ruler was used or not. What was certainly used, on the other hand, is a sheet of graph paper. It seems that James Gowan once claimed to have found 'the style for the job' for the design of the Engineering Faculty, where the appearance of the building represents its function. Gowan probably meant the style of the building, but the way in which he drew the design may also be included in this. The geometric logic of the building was conceived on the basis of the graph paper that was used – the engineer's instrumental tool *par excellence* for drawing schematic and precisely ordered drawings. Thanks to the graph paper, Gowan was able to invent the geometry of the most complex shapes, such as the diamond-shaped pointed roofs of the machine workshops.

We could speculate about what came first, the graph paper as a pragmatic base or the geometric architecture that was drawn on it. But what is certain is that the engineer is sitting comfortably here, next to his machines, under a diamond shaped pointed roof, drawing on graph paper.

Jantje Engels

Het blad voor de klus

Midden op het calqueerpapier staat het gevelaanzicht van het Engineering Building van de universiteit van Leicester, een gebouw van James Stirling en James Gowan: een tekening samengesteld uit verticale, horizontale en diagonale zwarte lijnen. Een reeks hoogtelijnen en afmetingen zijn doelmatig toegepast en verduidelijken dat de constructie is gebaseerd op een eenvoudig maatsysteem. In eerste instantie lijkt de tekening op een studie; onderaan zijn immers nog andere kruisende lijnen getekend, die onderzoekend van aard lijken en waarvan de betekenis vaag blijft. Maar de verhouding van de verschillende volumes ten opzichte van elkaar doet vooral denken aan een tekening met een representatief karakter. Dit is een tekening die de essentie, namelijk de geometrische én sculpturale kwaliteit van het ontwerp, vastlegt.

De tekening toont op de voorgrond een hoogbouw, op een plint en met een uitkragende circulatiekern met rechts en links opgehangen, lijvige volumes. In de achtergrond en lagergelegen, zijn een reeks gelijke gebouwen in twee bouwlagen met puntdak toegevoegd. Bij een meer aandachtige lezing zijn ook de hellingbaan ter hoogte van de plint en de twee auditoria te herkennen, alsook het uitkragende trappenhuis van de circulatiekern – maar dit enkel voor de geoefende blik van degene die vertrouwd is met het gebouw.

De tekening vertelt verder niet veel meer; er zijn geen aanwijzingen voor materiaalgebruik, gevelopeningen of context. Ze lijkt getekend met een zacht potlood, waarvan de lijnen variëren in dikte en niet altijd even scherp zijn, en het is onduidelijk of er al dan niet een liniaal als hulpmiddel werd gebruikt. Wat daarentegen wel zeker werd gebruikt, is een vel ruitjespapier als onderlegger. Ooit schijnt James Gowan beweerd te hebben voor het ontwerp van de ingenieursfaculteit *the style for the job* gevonden te hebben, waarbij de architectuurstijl is aangepast aan haar programma. Gowan had het vermoedelijk enkel over de stijl van het gebouw, maar de manier waarop hij het ontwerp tekende, lijkt hier eveneens onder te vallen. De geometrische logica van het gebouw werd bedacht op basis van het ruitjespapier dat als onderlegger werd gebruikt – bij uitstek het instrument van de ingenieur om schematische krachtverlopen en precies geordende tekeningen op neer te pennen. Dankzij het ruitjespapier kon Gowan de geometrie van de meest complexe vormen bedenken, zoals bijvoorbeeld de diamantvormige puntdaken van de machinewerkplaatsen.

We zouden kunnen speculeren over wat het eerst kwam: het ruitjespapier als pragmatische onderlegger, of de geometrische architectuur die erop getekend werd. Maar zeker is dat de ingenieur hier op zijn plek zit, naast zijn machines, onder een ruitjesdak, tekenend op ruitjespapier.

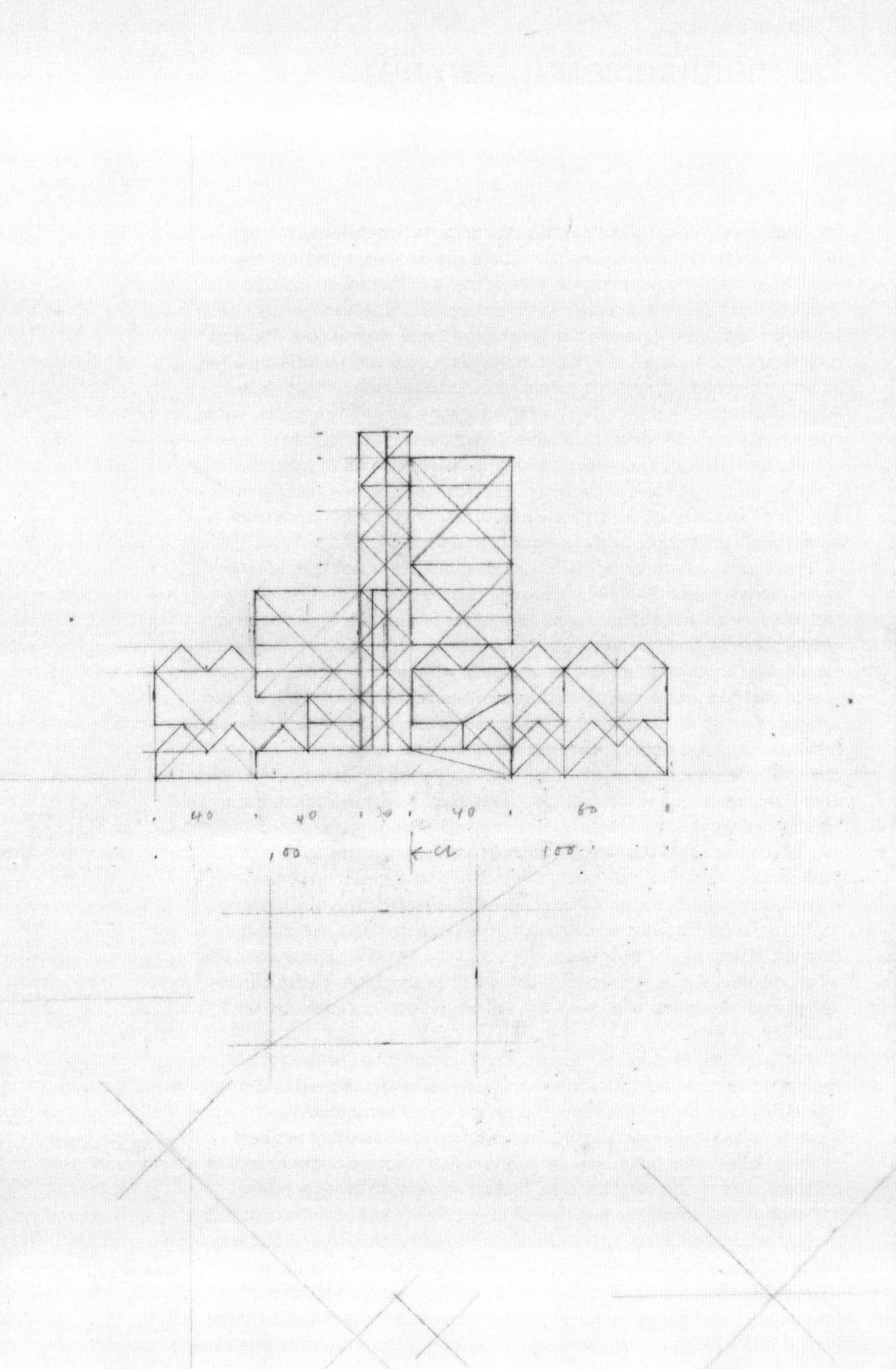

James Gowan, Leicester University Engineering Building, elevation, pencil on trance/
gevelaanzicht, potlood op calqueerpapier, 295 x 195 mm, 1959–1963

Gregorio Astengo

De mechanisering van het parallelle tekenen

In de geschiedenis ontwikkelde de systematische beschrijving van het perspectieftekenen zich zij aan zij met die van de mechanisering ervan. Vanaf Brunelleschi's eerste experimenten met een paneel-en-spiegel-systeem, om de convergerende lijnen van de doopkapel van Florence te verifiëren, is de weergave van het perspectief ondersteund door apparaten met sluiers, wijzers, staven, kijkglazen, roosters, viewers, touwtjes, deuren en brillen, tot aan de moderne camera toe. Op haar beurt adopteerde de architectuur de potenties van perspectivische automatisering vanwege haar visuele mogelijkheden en praktische toepassingen. Figuren uit de vijftiende en zestiende eeuw zoals Albrecht Dürer, Leonard Digges, Ludovico Cigoli en Jacques Dubreuil, om een paar namen te noemen, demonstreerden het belang van visuele instrumentatie voor het perfectioneren van bijvoorbeeld militaire ontwerpen en opnametechnieken.

In het geval van de 'orthografische representatie' – het tekenen met behulp van parallelle lijnen – is een vergelijkbare geschiedenis van mechanisering niet te achterhalen. Hoewel de vroegste toepassingen van het parallelle tekenen nu algemeen bekend zijn, komen daar apparaten om 'naar het leven' te tekenen veel minder vaak voor dan bij het gemechaniseerde perspectieftekenen.[1] Deze historische schaarste kan zeker worden teruggevoerd op de theoretische ongrijpbaarheid van het parallelle tekenen zelf. De wiskundige onderbouwing van wat we nu kennen als parallelle projectie, die uitgaat van het begrip 'punt op oneindig', werd pas in 1799 door Gaspard Monge in diens *Géométrie Descriptive* geïntroduceerd. Vóór die tijd werd het parallelle tekenen gewoonlijk opgevat als een variant van de perspectivische weergave, zoals in het zeventiende-eeuwse 'militaire'- of 'cavalier'-perspectief, en toegepast als 'een theorieloze praktijk' vanwege het praktische voordeel van proportie en meetbaarheid.[2] Toch bestaan er historische voorbeelden van geautomatiseerd parallel tekenen, en het is juist door deze over het hoofd geziene voorbeelden van mechanisering dat de stille, contra-intuïtieve conceptuele basis voor een 'theorie van de orthografie', zoals de oneindigheid zelf, uiteindelijk tot stand kan komen.

Het klopt dat het parallelle aanzicht niet de optische vertrouwdheid van het perspectief heeft, zoals verkorting, vervorming van verhoudingen en de illusie van diepte. Dat is nu juist wat zo tot de verbeelding van vroegmoderne kunstenaars en instrumentmakers sprak. Maar bepaald onderzoek bevestigt echter dat parallel tekenen in feite intuïtiever is dan perspectivische representatie. Het tekenen volgens de 'ware vormen', die volgens de Euclidische meetkunde kunnen worden beschreven, is ons meest natuurlijke middel om visueel te communiceren.[3] Bovendien staat het gebruik van parallelle lijnen in de architectuur garant voor de betrouwbaarheid van zowel het ontwerp als de uitvoering. Aan de ene kant is het juist door middel van het parallelle tekenen dat de architectuur 'tot stand komt'.[4] Dat wil zeggen, dat parallelle lijnen beter in staat zijn niet-bestaan-

1
Naar een dergelijk apparaat is in dit kader nooit wetenschappelijk onderzoek verricht. Zie bijv.: Martin Kemp, *The Science of Art: Optical Themes in Western Art from Brunelleschi to Seurat* (Londen: Yale University Press, 1992); Robin Evans, *The Projective Cast: Architecture and Its Three Geometries* (Boston: MIT Press, 1995); Alberto Pérez-Gómez en Louis Pelletier, *Architectural Representation and the Perspective Hinge* (Londen: MIT Press 1997); Mario Carpo en Frédérique Lemerle (red.), *Perspective, Projections and Design: Technologies of Architectural Representation* (Londen: Routledge, 2008); Massimo Scolari, *Oblique Drawing: A History of Anti-Perspective* (Cambridge, MA: MIT Press, 2015).

2
Carpo en Lemerle, *Perspective, Projections and Design*, op. cit. (noot 1), 3.

3
Zie bijvoorbeeld: Peter Booker, *A History of Engineering Drawing* (Londen: Chatto and Windus, 1963), 45-46; Alberto Pérez-Gómez, *Architecture and the Crisis of Modern Science* (Londen: MIT Press, 1983), 100.

4
Robin Evans, 'Translations from Drawing to Building', *AA Files* 12 (1986), 7.

Gregorio Astengo

Mechanising Parallel Lines

The historical processes of codification of perspective drawing have notably been closely accompanied by a tradition of mechanisation. Ever since Brunelleschi first experimented with his panel-and-mirror system to verify the converging lines of Florence's Baptistery, contraptions such as veils, pointers, staffs, sights, grids, viewers, strings, doors, glasses, all the way to modern cameras, have been assisting the execution of perspectival imaging. Architecture, in turn, famously adopted the possibilities of perspectival automation for both its visual potentials and its practical uses. Figures from the fifteenth and sixteenth centuries, such as Albrecht Dürer, Leonard Digges, Ludovico Cigoli or Jacques Dubreuil, to name a few, demonstrated the importance of visual instrumentation for perfecting practices like military design and surveying technologies.

A comparable history of mechanisation cannot be traced for what we call orthographic representation, that is, drawing using parallel lines. If early uses of parallel drawing are now universally recognised, instruments to apply this practice when drawing 'from life' are much more scattered than their perspectival counterparts.[1] Certainly, the reason for such historical scarcity can be traced to the theoretical elusiveness of parallel drawing itself. Relying on the concept of the 'point at infinity', the mathematical grounding of what we now know as parallel projection was introduced by Gaspard Monge's *Géométrie Descriptive* only in 1799. Before then, parallel drawing was traditionally adopted as a particular case of perspectival representation, as in the seventeenth-century 'military' or 'cavalier' perspective, and employed as 'a practice without a theory' for its practical advantage of proportion and measurability.[2] Yet, historical examples of automated parallel drawing do in fact exist, and it is precisely through such overlooked mechanisation that the silent and counterintuitive conceptual bases for a theory of orthography, such as infinity itself, can be ultimately materialised.

Admittedly, the accuracy of parallel views lacks the optical familiarity of perspective, like foreshortening, proportional distortions and the illusion of depth, which is exactly what captured the imagination of early modern artists and instrument makers. But certain scholarship has proven that parallel drawing is actually more intuitive than perspectival representation. 'True shape drawings' produced within the field of Euclidian geometry are our most innate form of visual communication.[3] Furthermore, when it comes to architecture, the employment of parallel lines guarantees reliability in both design and reproduction. On one hand, it is precisely through parallel drawing that architecture is 'brought into existence'.[4] That is to say, in order to 'project' non-existing ideas, parallel lines perform better than converging ones, a conviction famously defended by Leon Battista Alberti. On the other hand, the

1
Examinations of any such device are absent from important scholarship on the topic. See, for example: Martin Kemp, *The Science of Art: Optical Themes in Western Art from Brunelleschi to Seurat* (London: Yale University Press, 1992); Robin Evans, *The Projective Cast: Architecture and Its Three Geometries* (Boston: MIT Press, 1995); Alberto Pérez-Gómez and Louis Pelletier, *Architectural Representation and the Perspective Hinge* (London: MIT Press 1997); Mario Carpo and Frédérique Lemerle (eds.), *Perspective, Projections and Design: Technologies of Architectural Representation* (London: Routledge, 2008); Massimo Scolari, *Oblique Drawing: A History of Anti-Perspective* (Cambridge, MA: MIT Press, 2015).

2
Carpo and Lemerle, *Perspective, Projections and Design*, op. cit. (note 1), 3.

3
See, for example: Peter Booker, *A History of Engineering Drawing* (London: Chatto and Windus, 1963), 45–46; Alberto Pérez-Gómez, *Architecture and the Crisis of Modern Science* (London: MIT Press, 1983), 100.

de ideeën te 'projecteren' dan convergerende lijnen, een overtuiging die door Leon Battista Alberti met zoveel woorden wordt verdedigd. Anderzijds is de consistentie van parallelle lijnen ook handig bij sommige vormen van 'naar het leven' tekenen, vooral bij opnamen. Juist daarom presenteerde Rafaël in 1519 een methode voor het filologisch in kaart brengen van klassieke gebouwen met behulp van een magnetisch kompas en met gebruikmaking van vooral parallelle representatie.

Deze inleidende opmerkingen zouden kunnen doen vermoeden dat de mechanische automatisering van het parallelle tekenen moeitelozer verliep dan bij perspectivische apparaten, omdat ze voortkomt uit een basale en intuïtieve praktijk, die traditioneel gezien de wereld van architectuurtekeningen beheerst. Zoals onder meer Alberto Pérez-Gómez en Martin Kemp opmerkten, was de belangrijkste uitdaging voor de vroege perspectografen, die voortkwamen uit een 'huwelijk van meetkunde, optiek en precieze instrumentatie', eerder didactisch en demonstratief, dan praktisch van aard.[5] Het belang van instrumenten die bedoeld zijn om vormen van projectie te automatiseren, ligt dus meer in hun conceptuele en didactische mogelijkheden, dan in hun directe toepasbaarheid. Vroege vormen van perspectivische mechanisering zijn dan ook in staat de logische inconsistenties van 'de tirannie van het lineaire perspectief' op krachtige wijze bloot te leggen.[6] Omdat het parallelle tekenen nooit bedoeld is geweest om het zicht na te bootsen, is de automatisering ervan ook nooit als mimetisch instrument gebruikt, en kent het dus een eigen autonome vorm van vakmanschap. Maar omdat de parallelle-tekenapparaten juist primair de functie hebben om de 'virtuele' toepassing te concretiseren tot een parallelle bundel van visuele projectoren, brengt het mechanisme ervan ook een onbekend en 'onuitgesproken' territorium tot leven, waardoor een minder voorspelbare traditie ontstaat vergeleken met de perspectivische verwanten.

Denk bijvoorbeeld aan het plotinstrument dat Johannes Lencker introduceerde in zijn boek *Perspectiva* uit 1571, misschien wel het eerste voorbeeld van een apparaat om parallelle representatie mee te automatiseren.[7] Dit instrument, dat ontworpen is om het tekenen van parallelle aanzichten van stereometrische figuren of 'andere natuurlijke lichamen' gemakkelijker te maken, werkte via een intuïtief repetitief systeem. Een in drie dimensies vrij beweegbare naald was onder een hoek vergrendeld via een messing rail die op een halfronde structuur scharnierde. De naald werd gefixeerd op het horizontale vlak, neergelaten op een punt op het object en vervolgens naar een draaiende basis met tekenpapier getild. Door een verzameling punten over te brengen van het object naar het papier ontstond automatisch een steeds gedetailleerder parallel aanzicht zonder dat er meetkundige informatie over de positie van het object nodig was.

Lencker hanteerde, onmiskenbaar overeenkomstig de perspectivische deuren die Dürer een halve eeuw eerder in zijn *Underweysung* had gepubliceerd, een punt-voor-puntstrategie waarbij, in plaats van snaren, de primaire geometrie van het parallelle tekenen werd vertegenwoordigd door de bewegende naald. Het instrument was duidelijk schatplichtig aan de traditie van het perspectivische experiment, maar toont echter ook aan dat een voortschrijdend ruimtelijk inzicht door mechanisering geen waardevolle tegenhanger vond in de parallelle automatisering. Lencker's laconieke commentaar, dat benadrukt dat praktische uitvoerbaarheid en

5
Kemp, *The Science of Art*, op. cit. (noot 1), 182-184; Pérez-Gómez en Pelletier, *Architectural Representation*, op. cit. (noot 1), 238-240.

6
Evans, *The Projective Cast*, op. cit. (noot 4), 127-129.

7
Johannes Lencker, *Perspectiva* (Neurenberg, 1517), 22.

consistency of parallel lines is also convenient in forms of representation 'from life', most notably in surveys. It is exactly for this reason that in 1519 Raphael presented his method for philologically charting classical buildings, with the aid of a magnetic compass and by deploying, for the most part, parallel representation.

In light of these initial considerations, it may seem that the mechanical automation of parallel drawing could somehow function more effortlessly than in perspectival machines, as it operates within a common and intuitive practice, traditionally dominating the architectural world of projections. As noted by Alberto Pérez-Gómez and Martin Kemp, among others, the primary mission of early perspective machines, coming from a 'marriage of geometry, optics and precise instrumentation', was didactic and demonstrative rather than hands-on.[5] That is, the relevance of instruments to automate forms of projection lies in their conceptual and instructive potential, more than in their direct applicability. As such, early forms of perspectival mechanisation can powerfully disclose the logical inconsistencies of 'the tyranny of linear perspective'.[6] As parallel drawing was never meant to simulate vision, its automation was also never adopted as a mimetic tool, and therefore exists as its own autonomous form of *téchne*. However, as the primary potential of parallel drawing machines is precisely to materialise the 'virtual' adoption a parallel bundle of visual projectors, its mechanics also bring into existence an unfamiliar and 'unspoken' territory, making for a much less predictable tradition than its perspectival relatives.

Consider, for example, Johannes Lencker's plotting instrument presented in his 1571 book *Perspectiva,* perhaps the first example of a device to automate parallel representation.[7] This instrument, designed to easily assist with the drawing of parallel views of regular solids or 'other natural bodies', worked through an intuitive repetitive system. A needle, free to move on the three dimensions, was angularly locked through a brass rail hinged on a semi-circular structure. Once fixed on its horizontal plane, it would be lowered to touch a point on the object and then raised on a rotating base carrying the drawing paper. Thus, by transferring a collection of points from the object to the paper, an increasingly detailed parallel view could be automatically generated, without the need for any geometrical information about the object's position.

Bearing evident resemblance to Dürer's perspectival doors published in his *Underweysung* half a century earlier, Lencker similarly adopted a point-by-point strategy where, instead of strings, the primary geometry of parallel drawing was now represented by the moving needle. The instrument's explicit debt to a tradition of perspectival experimentation, however, is also evidence of how the instructive nature of mechanisation could not find a valuable specimen in parallel automation. Lencker's laconic commentary, emphasising practicality and accuracy over geometry, says it all. In the absence of any conceptual framework with which to differentiate the internal logics of the instrument, parallel drawing existed here only through the meticulous specifications of its working parts. The epistemic value of perspectival machines was mirrored in their orthographic counterparts by plain applicability.

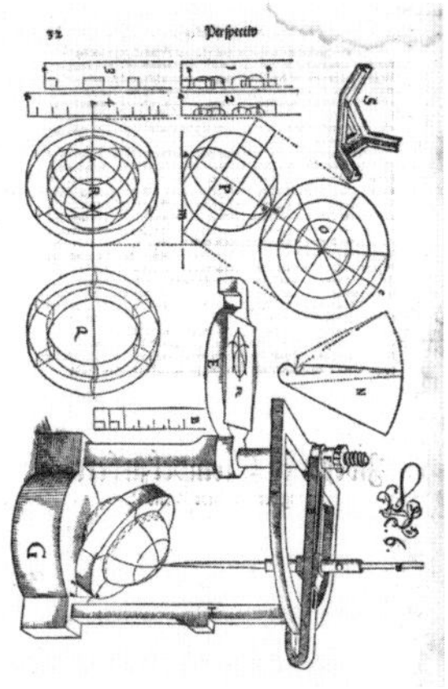

> p. 1
Johannes Lencker's instrument for parallel plotting/ instrument voor parallelle projectie

4
Robin Evans, 'Translations from Drawing to Building', *AA Files* 12 (1986), 7.

5
Kemp, *The Science of Art,* op. cit. (note 1), 182-184; Pérez-Gómez and Pelletier, *Architectural Representation,* op. cit. (note 1), 238-240.

6
Evans, *The Projective Cast,* op. cit. (note 4), 127-129.

7
Johannes Lencker, *Perspectiva* (Nuremberg, 1517), 22.

nauwkeurigheid belangrijker zijn dan meetkunde, laat niets te raden over. Bij gebrek aan een conceptueel kader om de interne logica van het instrument te differentiëren, bestond het parallelle tekenen alleen dankzij de nauwkeurige specificaties van de bewegende delen. De kennistheoretische waarde van perspectografische instrumenten werd louter door hun toepasbaarheid weerspiegeld in hun orthografische tegenhangers.

Zoals Peter Booker al aangaf, is de belangrijkste bijdrage van de theorie van geprojecteerde beelden de afbakening van een 'secundaire' meetkunde, dat wil zeggen een manier om rechtstreeks op een tekenbord te projecteren zonder dat er fysische eigenschappen, de 'primaire' meetkunde, aan te pas komen.[8] De tekeninstrumenten van Dürer en Lencker werken overeenkomstig aan de mechanische reproductie van een primaire meetkunde, in die zin dat ze proberen bundels van elkaar in een plat vlak kruisende projectoren kunstmatig weer te geven. Echter, terwijl de perspectograaf bedoeld is om een aantal optische eigenschappen te reproduceren die de ervaring van het zicht (*perspectiva artificialis*) direct benaderen, hanteren parallelle-tekeninstrumenten een systeem van representatie dat geen equivalent heeft in de menselijke waarneming. Met andere woorden, Lencker's apparaat veranderde een domein van voornamelijk secundair meetkundige principes in een primaire meetkunde. Daarom konden de intuïtieve eigenschappen van parallelle mechanisering, toen ze eenmaal als een performatief systeem gepresenteerd waren, de flessenhals van de directe ervaring niet meer passeren. Er bestaat gewoon niet zoiets als *orthographia naturalis* (natuurlijke weergave).

Pas met de opkomst van experimentele wetenschappen als de astronomie en dioptrie in de zeventiende eeuw werd een diepere, meer gerichte zoektocht naar de eigenschappen van het parallelle tekenen mogelijk.[9] Een voorbeeld hiervan is het Prosopografisch Parallellogram, een instrument dat in 1673 door de Schotse wiskundige George Sinclair werd ontwikkeld.[10] Het apparaat was een variant op de Stereograaf, een pantograaf om mee naar het leven te tekenen, die eerder die eeuw was geperfectioneerd door de Duitse astronoom en wiskundige Christoph Scheiner en die een van de meest invloedrijke instrumenten voor het automatiseren van perspectieftekenen was.[11] Het was de missie van de vastberaden Rafaëlist Sinclair om de door perspectivische verkorting veroorzaakte visuele vervormingen van de Stereograaf te corrigeren en zo de schaal en de verhoudingen van het 'prototype' te bewaren. Het apparaat bestond uit een parallellogram dat aan een verticaal tekenbord was bevestigd. Aan de ene kant werd een vizier, bestaande uit twee parallelle frames, loodrecht op de pantograaf bevestigd die aan het andere uiteinde een pen tegen het tekenbord hield. Door continu door het vizier te turen en deze rond de contouren van een object te bewegen, bracht de pantograaf punt voor punt een omgekeerd aanzicht over op de drager. In plaats van de blik van de toeschouwer te fixeren via de onbeweegbare naald van een traditionele perspectograaf, kon het vizier van Sinclair 'vrij en zonder belemmeringen' langs het oppervlak van de pantograaf glijden en zo via een corresponderende bundel van parallelle projectoren een ononderbroken hoeveelheid punten verzamelen.

Het revolutionaire aspect van Sinclair's instrument is het gebruik van een vizier, dat een menselijke component toevoegt die volledig afwezig is in Lencker's naald- en bordtoestel. Zo zou het parallelle tekenen dus uiteindelijk deel kunnen gaan uitmaken van onze externe visuele ervaring,

8
Booker, *A History of Engineering Drawing*, op. cit. (noot 3), 5-6.

9
Dit aspect is benadrukt door: Pérez-Gómez, *Architecture and the Crisis of Modern Science*, op. cit. (noot 3), 174-181.

10
George Sinclair, 'parallelogrammum Prosopographicum, sive Modus novus delieneandi per radios parallelos ad Æqualitatem Orthographicam, gestus, situs, habitusque quoscunque humani corporis, servata Symmetria, & proportione partium', *Philosophical Transactions of the Royal Society* 8/96 (1673), 6079-6085.

11
Christoph Scheiner, *Pantographice* (Rome, 1631). Zie: Kemp, *The Science of Art*, op. cit. (noot 1), 180-181.

As pointed out by Peter Booker, the chief contribution of the theory of projected images is the delineation of a 'secondary' geometry, that is, a method for generating a projection directly on a drawing board without engaging with its physical properties, or 'primary' geometry.[8] Concurrently, Dürer's and Lencker's drawing instruments operate the mechanical reproduction of a primary geometry, in that they attempt to artificially materialise bundles of projectors intersecting a plane. However, whereas perspective devices are meant to reproduce a set of optical properties approximated directly from the experience of vision (*perspectiva artificialis*), devices for parallel drawing stage a system of representation that has no equivalent in human perception. In other words, Lencker's device turned into primary geometry a realm of principles that exists chiefly as secondary geometry. As a result, once presented as a performative system, the intuitive properties of parallel mechanisation could not pass the bottleneck of direct experience. There is really no such thing as *orthographia naturalis*.

It was only with the raise of the experimental sciences of astronomy and dioptrics in the seventeenth century that a deeper, more self-directed search into the properties of parallel drawing became possible.[9] A case in point is the prosopographical parallelogram, an instrument developed in 1673 by Scottish mathematical practitioner George Sinclair.[10] The device was a variation on the stereograph, a pantograph for drawing from life perfected by German astronomer and mathematician Christoph Scheiner earlier in the century and one of the most influential instruments for

8
Booker, *A History of Engineering Drawing*, op. cit. (note 3), 5-6.
9
This aspect has been stressed by: Pérez-Gómez, *Architecture and the Crisis of Modern Science*, op. cit. (note 3), 174-181.
10
George Sinclair, 'parallelogrammum Prosopographicum, sive Modus novus delieneandi per radios parallelos ad Æqualitatem Orthographicam, gestus, situs, habitusque quoscunque humani corporis, servata Symmetria, & proportione partium', *Philosophical Transactions of the Royal Society* 8/96 (1673), 6079-6085.

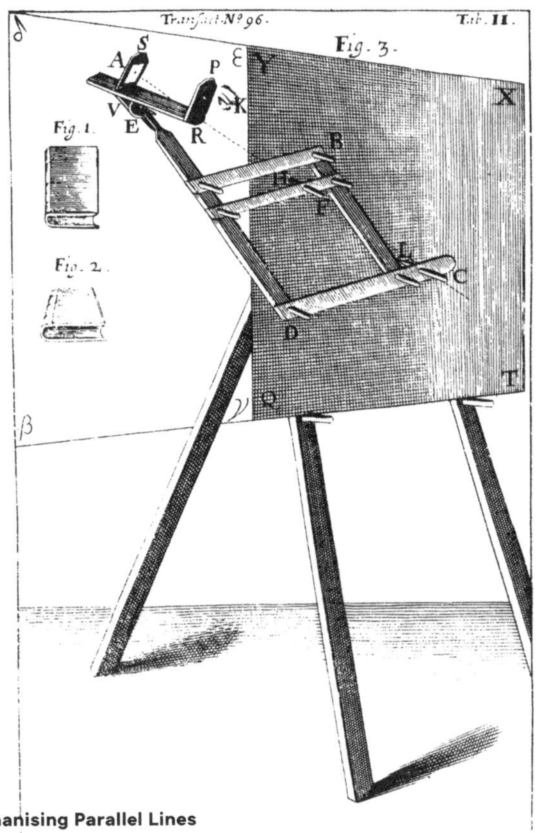

George Sinclair's Prosopographical Parallellogram, 1673

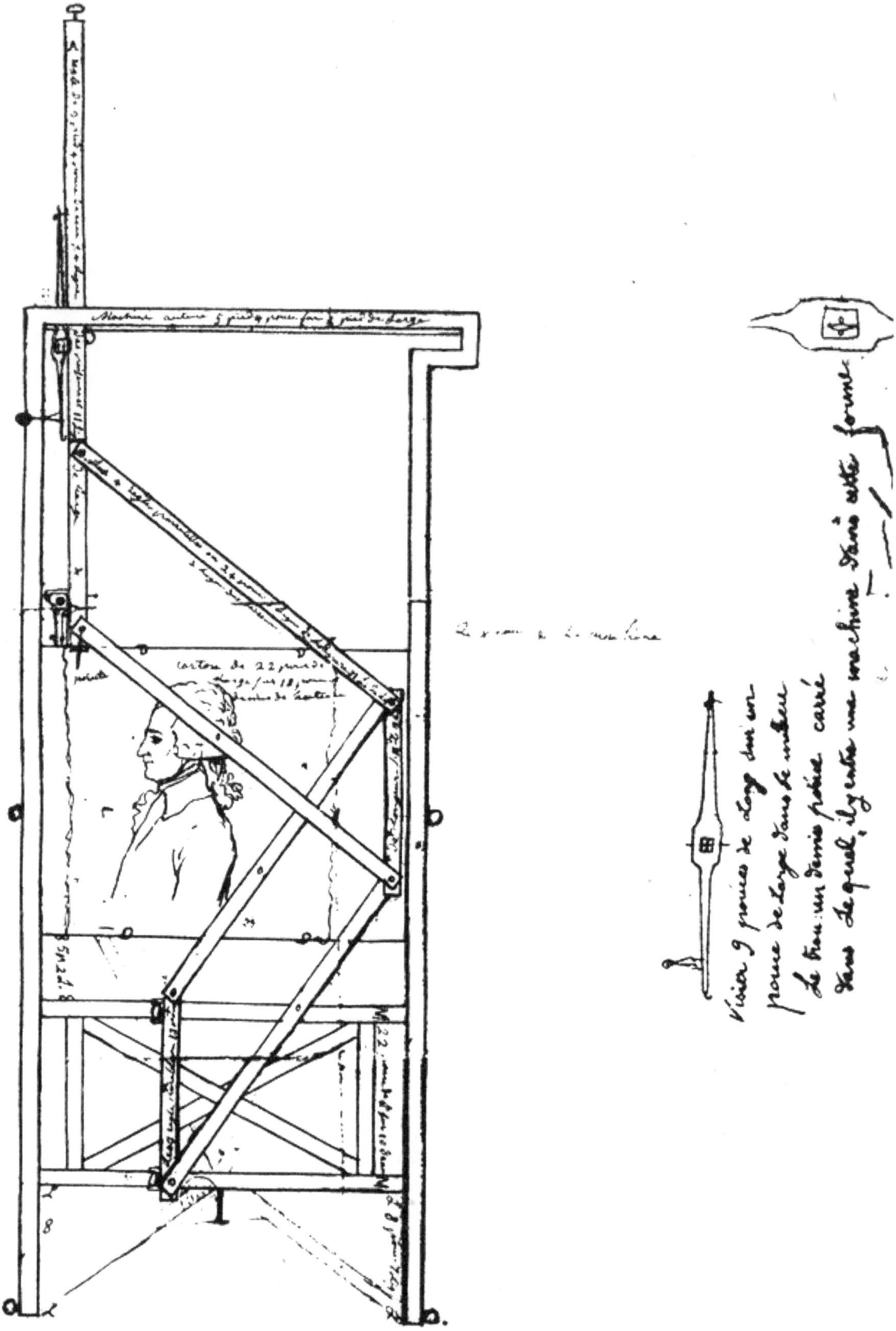

automating perspective drawing.[11] Taking a firm Raphaelian stance, Sinclair's mission was to rectify the stereograph's visual distortions produced by perspectival foreshortening, in order to maintain scale and proportion of the 'prototype'. The device consisted of a parallelogram attached to a vertical drawing board. On one end, a visor made of two parallel frames was fixed perpendicularly to the pantograph, which on the opposite end held a pen against the board. By continuously looking through the visor and moving it around the contours of an object, the pantograph transferred its inverted, one-to-one elevation onto the board. Instead of securing the viewer's gaze through the immovable pointer of a traditional perspective machine, Sinclair's visor could move 'free and without constraints' along the plane of the pantograph, hence acquiring a continuous collection of points via a corresponding bundle of parallel projectors.

The revolutionary aspect of Sinclair's instrument is the adoption of an optical visor, which adds a human component entirely absent in Lencker's needle-and-board device. Hence, instead of Plotinus's 'inner eye', parallel drawing could finally become part of our external visual experience.[12] However, still without a strong philosophy of infinity *within* our world (the concept had recently been discussed by Johannes Kepler, Girard Desargues and Descartes), Sinclair's validation could not be geometrical. Instead, while making direct references to some important works on the theory of projection, such as François d'Aguillon's *Opticorum Libri Sex* (1613) and Kepler's *Dioptrice* (1611), Sinclair's primary conceptual instrument was the ancestral realm of shadows. Importantly, drawing via shadow-tracing, or *skiagraphia,* was the only instance where a primary geometry for parallel drawing could be found in the natural world, namely in the proportionate shadows cast by parallel sun rays.[13] Accordingly, it was by making the association of converging and parallel lines to candlelight and sunlight respectively that Sinclair was able to fully explicate his rationale: 'As the plane of the Parallelogram is to the image of the model to be represented, so the wall is to the shadow [cast onto it].'[14]

Indeed, the spatial implications of the primary geometry of parallel drawing is inevitably linked to a history of codification. A relevant case to illustrate this is the physionotrace. Designed by French cellist Gilles-Louis Chrétien around 1783, the instrument relied on a perpendicular visor moving along the two-dimensional plane of a pantograph, producing 'successive parallel views' and making it nothing more than a direct descendant of Sinclair's parallelogram.[15] Finally in the presence of a more systematised *projection géométrale,* the physionotrace was able to expound a fundamental geometrical attribute of parallel automation, namely that 'the point of view can be brought up to 40 feet from the object, without being forced to draw it smaller'.[16] In other words, as parallel projectors never converge to a vanishing point, they are also indifferent to variable space. By manifesting its abstract principle of continuous infinity, mechanical forms of orthogonal projection nullify fundamental human reference systems such as distance and size. It may be because of this inherent 'inhumanity' that the only fruitful

11
Christoph Scheiner, *Pantographice* (Rome, 1631). See: Kemp, *The Science of Art*, op. cit. (note 1), 180-181.

12
Scolari, *Oblique Drawing*, op. cit. (note 1), 16.

13
Evans, 'Translations from Drawing to Building', op. cit. (note 4), 6-7; Scolari, *Oblique Drawing*, op. cit. (note 1), 12-13; Filippo Camerota, 'The Eye of the Sun: Galileo and Pietro Accolti on Orthographic Projection', in: Carpo and Lemerle, *Perspective, Projections and Design*, op. cit. (note 1), 115-125.

14
Sinclair, 'parallelogrammum Prosopographicum', op. cit. (note 10), 6082.

15
Garbiel Cromer, 'Le Secret du Physionotrace', *Bulletin de la Société archéologique, historique et artistique 'Le Vieux Papier'* 26/112 (1925), 481-482.

16
Ibid.

in plaats van Plotinus' 'innerlijk oog'.[12] Er was echter nog steeds geen sprake van een sterke filosofische theorie over oneindigheid *binnen* onze wereld (het concept was recentelijk ook besproken door Johannes Kepler, Girard Desargues en René Descartes) en daarom kon Sinclair's validatie niet meetkundig zijn. Hoewel Sinclair rechtstreeks verwijst naar enkele belangrijke werken over de projectietheorie, zoals het *Opticorum Libri Sex* van François d'Aguillon (1613) en Kepler's *Dioptrice* (1611), is zijn primaire conceptuele leidraad het voorouderlijke domein der schaduwen. Het tekenen aan de hand van schaduwen of *skiagrafie* is het enige voorbeeld waarbij een primaire meetkunde voor het parallelle tekenen in de natuur te vinden is, namelijk in de evenredige schaduwen geprojecteerd door parallelle zonnestralen.[13] Het was dan ook via de associatie van convergerende en parallelle lijnen met, respectievelijk, kaarslicht en zonlicht dat Sinclair erin slaagde om zijn redenering volledig te verhelderen: 'Het vlak van het parallellogram staat tot het beeld van het model dat moet worden weergegeven, zoals de muur staat tot de schaduw [die erop valt].'[14]

De ruimtelijke implicaties van de primaire meetkunde van het parallelle tekenen zijn onvermijdelijk verbonden met een geschiedenis van codificatie. Een relevant geval dat dit illustreert is de Physionotrace. Dit rond 1783 door de Franse cellist Gilles-Louis Chrétien ontworpen instrument was gebaseerd op een loodrecht vizier dat zich langs het tweedimensionale vlak van een pantograaf bewoog, waardoor het 'opeenvolgende parallelle aanzichten' produceerde – waardoor het dus niet meer was dan een directe afstammeling van Sinclair's Parallellogram.[15] Nu er eindelijk een meer gesystematiseerde *projection géométrale* bestond, kon de Physionotrace een fundamenteel meetkundig kenmerk van parallelle automatisering verklaren, namelijk dat 'het gezichtspunt tot op 40 voet van het object kan worden gebracht, zonder dat het kleiner hoeft te worden getekend'.[16] Met andere woorden, omdat parallelle projectoren nooit convergeren naar een verdwijnpunt, staan ze ook onverschillig tegenover variabele ruimte. Omdat ze het abstracte principe van continue oneindigheid manifest maken, heffen mechanische vormen van orthogonale projectie fundamentele menselijke referentiesystemen, zoals afstand en grootte, op. Het is wellicht aan deze inherente 'onmenselijkheid' te wijten dat het enige gebied waarbinnen het vruchtbaar was om over de ongemakkelijke theoretische eigenschappen van het praktische parallelle tekenen uit te weiden, dat van de architectuur van het menselijk lichaam was. Zoals onder andere Mario Carpo en Robin Evans hebben laten zien, bevestigen zowel het *finitorum*, Alberti's plotinstrument, en de hoofden van Piero della Francesca in *De Perspectiva Pingendi* dat de prosopografie en 'physionotrace' de ware lakmoesproeven zijn voor het valideren van de vroege orthografie, in een soort Vitruviaans streven naar een garantie van proportionaliteit.[17]

Nu het 3D-scannen steeds meer vertrouwt op de algemeen toepasbare mogelijkheden van laser-registratie, raakt het onderscheid tussen projectieve bewerkingen zoals stereografie en orthografie steeds meer achterhaald.[18] We kunnen echter wel nadenken over de verhelderende rol van de vroege vormen van automatisering van het parallelle tekenen – als een conceptueel systeem voor het uitvoeren van de contra-intuïtieve logica van de orthografie. En als we eerlijk zijn betekent dat systeem vooral ongemak, zowel fysiek als intellectueel. Enerzijds vereisen deze machines een voordurende, herhalende beweging van het hele lichaam tijdens de

12
Scolari, *Oblique Drawing*, op. cit. (noot 1), 16.

13
Evans, 'Translations from Drawing to Building', op. cit. (noot 4), 6-7; Scolari, *Oblique Drawing*, op. cit. (noot 1), 12-13; Filippo Camerota, 'The Eye of the Sun: Galileo and Pietro Accolti on Orthographic Projection', in: Carpo en Lemerle, *Perspective, Projections and Design*, op. cit. (noot 1), 115-125.

14
Sinclair, 'parallelogrammum Prosopographicum', op. cit. (noot 10), 6082.

15
Garbiel Cromer, 'Le Secret du Physionotrace', *Bulletin de la Société archéologique, historique et artistique 'Le Vieux Papier'* 26/112 (1925), 481-482.

16
Ibid.

17
Carpo, 'Alberti's Media Lab', in: Carpo en Lemerle, *Perspective, Projections and Design*, op. cit. (noot 1), 47-64; Evans, *The Projective Cast*, op. cit. (noot 1), 154-158.

18
Zie bijv.: Mario Carpo, *The Second Digital Turn* (Cambridge, MA: MIT Press 2017), hoofdstuk 3.

territory to expand on the uncomfortable theoretical properties of practical parallel drawing was the architecture of the human body. As illustrated by Mario Carpo and Robin Evans among others, both Alberti's *finitorum* plotting machine and Piero della Francesca's heads from *De Perspectiva Pingendi* confirm that prosopography and physio-tracing are the true litmus tests for validating early orthography, in a sort of Vitruvian pursuit for a guarantee of proportionality.[17]

Now that 3D-scanning is relying more and more on the generalisable possibilities of laser tracing, the very distinction between projective operations such as stereography and orthography is becoming increasingly obsolete.[18] We may, however, consider the illuminating role that early forms of parallel drawing automation could play as a conceptual system to perform the counterintuitive logics of orthography. Such contribution ultimately lays in its discomfort, both physical and intellectual. On one hand, these machines require a relentless and repetitive motion of the entire body in a mechanical act of scanning, locating our labour in the unfamiliar space between hand and paper.[19] In doing so, they also concretise ideas, such as infinite distance and the primary geometries of parallel projectors, which are as foreign to our perception as they are innate in our intuition. While the practical application of our instinctive anti-anamorphic constructs leads to confusion, stereographic rigidity protects geometrical understanding. Hence it is perhaps by its mechanisation that we can best grasp the abstract principles of parallel drawing, evidencing how the awareness of such innate and instinctive knowledge in fact relies on the embodied practices of its reproduction.

17
Carpo, 'Alberti's Media Lab', in: Carpo en Lemerle, *Perspective, Projections and Design*, op. cit. (note 1), 47-64; Evans, *The Projective Cast*, op. cit. (note 1), 154-158.

18
See, for example: Mario Carpo, *The Second Digital Turn* (Cambridge, MA: MIT Press 2017), Chapter 3.

19
The term *scanner* comes from the Latin *scandere*, indicating the rhythmic motion of beat-keeping.

mechanische handeling van het scannen, waarbij onze arbeid in de vervreemdende ruimte tussen hand en papier wordt geplaatst.[19] Daarmee worden ideeën, zoals oneindige afstand en de primaire geometrieën van parallelle projectoren, concreet gemaakt, die even vreemd zijn aan onze perceptie als ze onderdeel zijn van onze intuïtie. Terwijl de praktische toepassing van onze instinctieve anti-anamorfe constructies tot verwarring leidt, beschermt de stereografische rigiditeit het geometrische begrip. Uiteindelijk is het misschien door de mechanisering ervan dat we de abstracte principes van het parallelle tekenen het beste kunnen begrijpen, wat aantoont dat het bewustzijn van dergelijke aangeboren en instinctieve kennis slechts tot stand komt in de belichaamde praktijken waarmee ze uitgevoerd worden.

Vertaling: InOtherWords, Maria van Tol

19
Het woord *scanner* is afgeleid van het Latijnse *scandere*, dat naar de ritmische beweging van het maat aangeven verwijst.

Merlijn Hurx

Inventing the 'Standard View'

The Introduction of Floor Plan and Elevation in the Low Countries in the Sixteenth Century

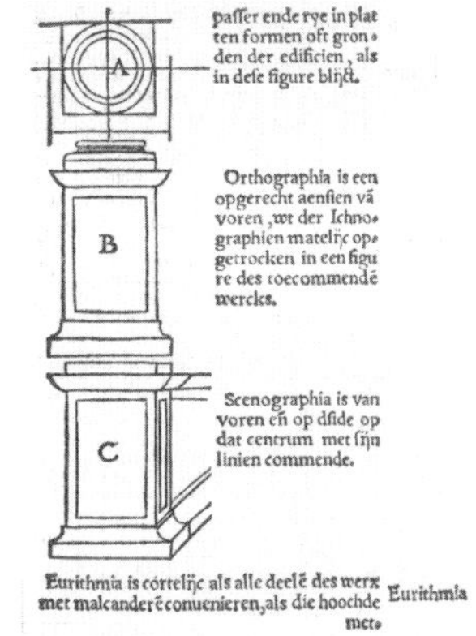

Pieter Coecke van Aelst, basement with pedestal, represented in floor plan (Ichnographia), elevation (Ortographia) and perspective (Scenographia)/ basement met sokkel weergegeven in plattegrond (*Ichnographia*), opstand (*Orthographia*) en perspectief (*Scenographia*), 1539

Some conventions are so widely accepted that it is easy to forget they were ever invented. In architecture, the representation of buildings through elevation, plan and section is a good example. Despite the increasing importance of 3D drawings, this classic combination of projected views is still an essential means to present architectural designs. Examples of plans and elevations date back to antiquity, but it is assumed that the systematic combination of orthogonal projections on the same scale is an invention of Italian artist-architects in the Renaissance. This article, however, will argue that architectural drawing practices in northern Europe saw a parallel development as a result of a changing design and construction industry.

In Italy, the development of architectural drawing was closely associated with the rediscovery of classical antiquity. The study of Vitruvius's *De Architectura*, the only preserved treatise on architecture from antiquity, prompted architects to experiment with three modes of representation, which he described as: *Orthographia*, *Ichnographia* and *Scenographia*. The introduction of new modes of representation was also stimulated by the documentation and reconstruction of classical buildings: at the end of the fifteenth century, the first systematic combination of orthogonal projections was used by Antonio Da Sangallo the Younger in drawings for the reconstruction of classical buildings.[1] As a result of the successes of the architecture treatises by Sebastiano Serlio (1537) and Andrea Palladio (1570), Da Sangallo's 'invention' replaced the existing Gothic method in northern Europe by the mid-sixteenth century.[2] In Gothic plans, the relationship between plan and elevation was conveyed in a completely different way, namely by showing superimposed levels in a single drawing. The relationship between these horizontal layers consisted of a sequence of rotated squares, called 'quadrature'. Such plans enabled the experienced master to understand the structure's geometric logic and to derive the elevation from the plan, something that is called *Auszug* in German sources: literally 'extracting' an elevation from the plan.[3]

The shift from the Gothic to the modern way of drawing is often linked to the spread of the formal language of classical architecture. This rests on the assumption that artist-architects had a

1
James Ackerman, 'The Origins of Architectural Drawing in the Middle Ages and Renaissance', in: James Ackerman, *Origins, Imitation, Conventions: Representation in the Visual Arts* (Cambridge, MA: MIT Press, 2002), 27-65; Wolfgang Lefèvre, 'The Emergence of Combined Orthographic Projections', in: Wolfgang Lefèvre (ed.), *Picturing Machines 1400-1700* (Cambridge, MA: MIT Press, 2004), 209-244.

2
Elske Gerritsen, *Zeventiende-eeuwse architectuurtekeningen: De tekening in de ontwerp- en bouwpraktijk in de Nederlandse Republiek* (Zwolle: Waanders, 2006), 151-190.

3
Robert Bork, *The Geometry of Creation: Architectural Drawing and the Dynamics of Gothic Design* (Farnham, UK/Burlington, USA: Ashgate, 2011).

Merlijn Hurx

De uitvinding van de standaardprojectie

De introductie van plattegrond en opstand in de Lage Landen in de zestiende eeuw

Sommige conventies zijn zo algemeen geaccepteerd dat je bijna vergeet dat ze ooit zijn uitgevonden. In de architectuur is de weergave van gebouwen door middel van opstand, plattegrond en doorsnede een goed voorbeeld. Ondanks het toenemend belang van 3d-tekeningen is deze klassieke combinatie van platte projecties nog steeds een essentieel middel om het ontwerp voor te stellen. Voorbeelden van plattegronden en opstanden gaan terug tot de oudheid, maar er wordt vanuit gegaan dat de systematische combinatie van orthogonale projecties op dezelfde schaal een uitvinding is van Italiaanse kunstenaar-architecten uit de Renaissance. In dit artikel zal echter betoogd worden dat de architectuurtekening in het noorden een parallelle ontwikkelde kende als gevolg van een veranderende ontwerp- en bouwpraktijk.

De ontwikkeling van de architectuurtekening was in Italië nauw verbonden met de herontdekking van de Oudheid. Het bestuderen van Vitruvius' *De Architectura,* het enig bewaarde antieke traktaat over architectuur, zette architecten aan tot het experimenteren met drie door hem genoemde voorstellingswijzen: *Orthographia Ichnographia, Scenographia.* De introductie van nieuwe manieren van presentatie werd bovendien gestimuleerd door het documenteren en reconstrueren van antieke gebouwen: aan het einde van de vijftiende eeuw werd de eerste systematische combinatie van orthogonale projecties toegepast door Antonio da Sangallo de Jongere voor reconstructietekeningen van antieke gebouwen.[1] Dankzij het succes van de traktaten van Sebastiano Serlio (1537) en Andrea Palladio (1570) verving Da Sangallo's 'uitvinding' halverwege de zestiende eeuw de bestaande gotische methode in Noord-Europa.[2] In gotische plattegronden werd het verband tussen plattegrond en opstand op een geheel andere wijze overgebracht, namelijk door in één enkele tekening meerdere niveaus te tonen. De relatie tussen deze horizontale lagen bestond uit een opeenvolging van gedraaide vierkanten, 'kwadratuur' genoemd. Dergelijke plannen stelden de geoefende meester in staat om de geometrische logica van de constructie te begrijpen en de opstand af te leiden uit de plattegrond, iets wat in Duitstalige bronnen *Auszug* genoemd wordt: letterlijk het 'uittrekken' van de opstand uit de plattegrond.[3]

De omslag van de gotische naar de moderne manier van tekenen is in de literatuur vaak verbonden met de verspreiding van antieke vormentaal. Hierbij wordt aangenomen dat kunstenaar-architecten zowel een stilistische als teken-technische voortrekkersrol hadden, omdat meestermetselaars en -timmerlieden liever vasthielden aan hun tradities.[4] Enkele

1
James Ackerman, 'The Origins of Architectural Drawing in the Middle Ages and Renaissance', in: James Ackerman, *Origins, Imitation, Conventions: Representation in the Visual Arts* (Cambridge, MA: MIT Press, 2002), 27-65; Wolfgang Lefèvre, 'The Emergence of Combined Orthographic Projections', in: Wolfgang Lefèvre (red.), *Picturing Machines 1400-1700* (Cambridge, MA: MIT Press, 2004), 209-244.

2
Elske Gerritsen, *Zeventiende-eeuwse architectuurtekeningen: De tekening in de ontwerp- en bouwpraktijk in de Nederlandse Republiek* (Zwolle: Waanders, 2006), 151-190.

3
Robert Bork, *The Geometry of Creation: Architectural Drawing and the Dynamics of Gothic Design* (Farnham, UK/ Burlington, VS: Ashgate, 2011).

4
Ruud Meischke, 'Het architectonische ontwerp in de Nederlanden gedurende de late middeleeuwen en de zestiende eeuw', *Bulletin KNOB* (1952), 161-230.

Alard Duhamel, design for a baldachin with the reconstruction of the floor plan (after De Jonge 2014), third quarter of fifteenth century/ ontwerp voor een baldakijn met reconstructie van de plattegrond (naar De Jonge, 2014), derde kwart vijftiende eeuw

recent ontdekte tekeningen laten echter zien dat dit dualistische beeld aanzienlijk genuanceerd moet worden, omdat er gelijktijdig ook in de bouwpraktijk werd geëxperimenteerd met de combinatie van plattegrond en opstand. Met name ontwerpen voor militaire en civieltechnische bouwwerken vroegen om een nieuwe, inventieve manier van weergeven, omdat ze niet volgens de regels van de gotische kwadratuur tot stand kwamen. In tegenstelling tot Italië ontstonden deze experimenten niet in een humanistische context, maar kwamen ze voort uit het toenemende gebruik van de tekening in de praktijk. Door de scheiding van ontwerp en uitvoering als het gevolg van de opkomst van de bouwmarkt in de vijftiende eeuw waren architecten, destijds aangeduid als meesterwerklieden, net als in Italië vaak niet meer dagelijks op de bouwplaats aanwezig maar stuurden ze de bouw op afstand aan.[5] De communicatie tussen ontwerper, opdrachtgever en aannemer verliep in de Lage Landen daarom steeds meer via architectuurtekeningen.

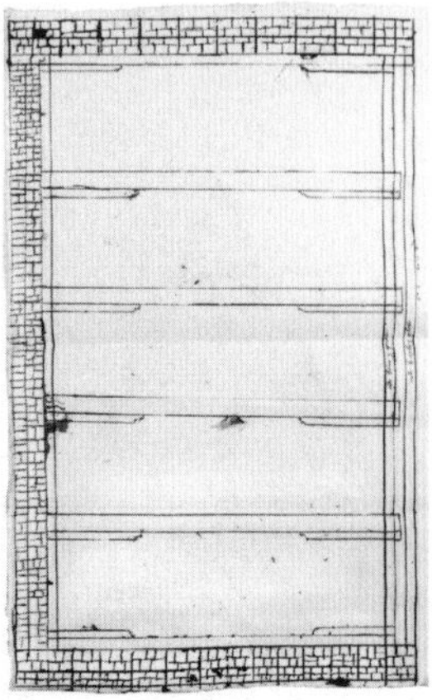

Floor plan of the roof construction of a hall in the Castle of Tervuren/ plattegrond van de dakconstructie van een zaal in het kasteel van Tervuren, ca. 1540

Gecombineerde tekeningen vóór de Italiaanse traktaten

Ten noorden van de Alpen kwamen combinaties van verschillende projecties in de middeleeuwen wel voor, maar ze werden nog niet zo consequent weergegeven als in Italië. Omdat gelaagde gotische plattegronden voor opdrachtgevers lastig te begrijpen waren, werden ze vanaf de dertiende eeuw wel samen met de opstand getoond.[6] De enige bekende voorbeelden in de Lage Landen van zo'n combinatie zijn de gravures van een monstrans en een baldakijn van Alard Duhamel, meester van de Sint-Jan in 's-Hertogenbosch. Het baldakijn is weergegeven in een overhoekse opstand gecombineerd met een kleine driehoek in de rechterbovenhoek, die wanneer vermenigvuldigd en gedraaid, de hele plattegrond met de boven elkaar liggende niveaus laat zien.[7] Alleen een geoefende meester zal in staat zijn geweest om de onderliggende geometrische structuur te herkennen en daarom lijken Duhamel's gedeeltelijke plattegronden weinig functioneel, maar eerder een demonstratie van zijn meesterschap.

Voor andere typen bouwwerken, waarbij kwadratuur niet werd toegepast, was de gotische manier van afbeelden ongeschikt. Met name voor kapconstructies, militaire en civiele bouwwerken moesten architecten op zoek naar alternatieve tekentechnieken. Een eenvoudige manier om de plattegrond en de opstand op dezelfde schaal te combineren was door ze aan beide zijden van hetzelfde vel papier te tekenen. Een mooi voorbeeld van die techniek is de tekening van een dakconstructie voor het kasteel van Tervuren, die waarschijnlijk als illustratie diende van een bewaard gebleven bestek uit omstreeks 1540: één zijde toont het muurwerk van de zaal met de moerbalken, terwijl de verso een doorsnede van de kap bevat.[8] Op de plattegrond zijn de moerbalken in zijaanzicht weergegeven, waardoor de tekenaar gemakkelijk één balk kon natrekken voor het kapspant op de achterzijde. Doordat het papier enigszins doorschijnend is, zijn beide zijden in één oogopslag te zien en is de relatie tussen beide tekeningen goed te begrijpen.

Een andere vroege combinatie van plan en opstand in de Lage Landen zijn de twee tekeningen in rood krijt van het kasteel van Limburg (België). Het ene blad toont een vogelvlucht van het kasteel en het andere het grondplan op ongeveer dezelfde schaal. De tekeningen zijn gemaakt in 1519 in opdracht van keizer Karel V voor de verbouwing van het kasteel door Peter Bandon, een lokale meestermetselaar die de leiding had over

5
Merlijn Hurx, *Architecture as Profession: The Origins of Architectural Practise in the Low Countries in the Fifteenth Century*, Architectura Moderna 13 (Turnhout: Brepols, 2018), 241-311.

6
Zie: Hans Böker, *Architektur der Gotik: Bestandskatalog der weltgrößten Sammlung an gotischen Baurissen (Legat Franz Jäger) im Kupferstichkabinett der Akademie der bildenden Künste Wien* (Salzburg/Wenen: Pustet, 2005); Anthony Gerbino en Stephen Johnston, *Compass and Rule: Architecture as Mathematical Practice in England 1500-1750* (New Haven/Londen: Yale University Press, 2009).

7
Krista De Jonge, 'Early Modern Netherlandish Artists on Proportion in Architecture, or "de questien der Simmetrien met redene der Geometrien"', *Architectural Histories* 2/11 (2014), 1-23.

8
Hurx, *Architecture as Profession*, op. cit. (noot 5), 266.

pioneering role in the development of both architectural style and drawing techniques, because master masons and carpenters preferred to stick to their traditions.[4] Some recently discovered drawings, however, show that this dualistic image needs to be considerably nuanced, because similar experiments with a combination of elevation and plan can be found in the contemporary building practice in the north as well. In particular, designs for military and civil structures required a new, inventive way of drawing, because they were not built according to the rules of Gothic quadrature. In contrast to Italy, these experiments did not take place in a humanistic context, but resulted from the increasing importance of drawings for construction. Due to the separation of design and execution as a result of the commercialisation of the construction industry in the fifteenth century, architects, then referred to as master craftsmen, were often no longer present at the construction site on a daily basis, but were in charge of the construction from a distance, as in Italy.[5] In the Low Countries, communication among designer, patron and contractor therefore increasingly took the form of architectural drawings.

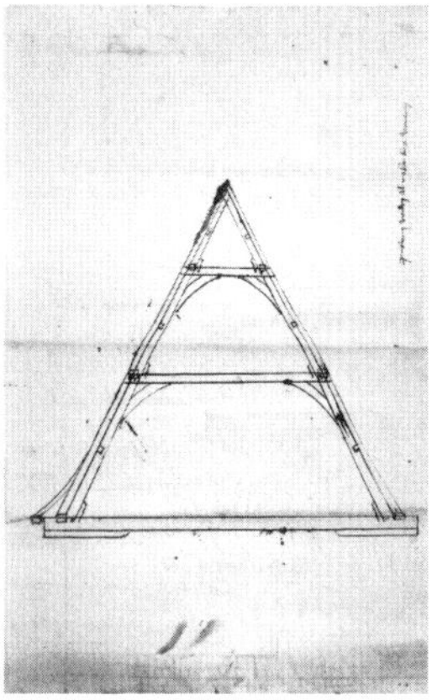

Section of the roof construction of a hall in the Castle of Tervuren/ doorsnede van de dakconstructie van een zaal in het kasteel van Tervuren, ca. 1540

Combined Drawings before the Italian Treatises

North of the Alps, combinations of different projections did occur in the Middle Ages, but they were not yet drawn as consistently as in Italy. Because multi-layered Gothic plans were difficult to understand for patrons, they were already shown in combination with an elevation from the thirteenth century onwards.[6] The only known examples of such combinations in the Low Countries are the engravings of a monstrance and a canopy by Alard Duhamel, master mason of St John's Cathedral in 's-Hertogenbosch. The canopy's elevation is depicted as a corner view, showing multiple sides simultaneously, and is combined with a small triangle in the upper right corner that, when multiplied and rotated, shows the entire plan with the superimposed levels.[7] Only an experienced master would have been able to recognise the underlying geometric structure and therefore Duhamel's partial floor plans seem to be less about functionality and more a demonstration of his mastery.

For other types of buildings, where quadrature was not employed in their design, the Gothic way of drawing was unsuitable. Especially for roof structures, military and civil constructions, architects had to look for alternative drawing techniques. A simple way to combine plan and elevation on the same scale was to draw them on both sides of the same sheet of paper. A good example of this technique is the drawing of a roof structure for Tervuren Castle, which probably served as an illustration to building specifications from around 1540: one side shows the walls of the hall with the tie beams, while the other side contains a cross section of the roof.[8] The floor plan shows the tie beams in side view, so that the draughtsman could easily trace one of the beams for the roof truss on the back. Because the paper is somewhat translucent, both sides can be seen at a glance and the relationship between the two drawings is easy to understand.

Another early combination of plan and elevation in the Low

4
Ruud Meischke, 'Het architectonische ontwerp in de Nederlanden gedurende de late middeleeuwen en de zestiende eeuw', *Bulletin KNOB* (1952), 161-230.

5
Merlijn Hurx, *Architecture as Profession: The Origins of Architectural Practise in the Low Countries in the Fifteenth Century*, Architectura Moderna 13 (Turnhout: Brepols, 2018), 241-311.

6
See: Hans Böker, *Architektur der Gotik: Bestandskatalog der weltgrößten Sammlung an gotischen Baurissen (Legat Franz Jäger) im Kupferstichkabinett der Akademie der bildenden Künste Wien* (Salzburg/Vienna: Pustet, 2005); Anthony Gerbino and Stephen Johnston, *Compass and Rule: Architecture as Mathematical Practice in England 1500-1750* (New Haven/London: Yale University Press, 2009).

7
Krista De Jonge, 'Early Modern Netherlandish Artists on Proportion in Architecture, or "de questien der Simmetrien met redene der Geometrien"', *Architectural Histories* 2/11 (2014), 1-23.

8
Hurx, *Architecture as Profession*, op. cit. (note 5), 266.

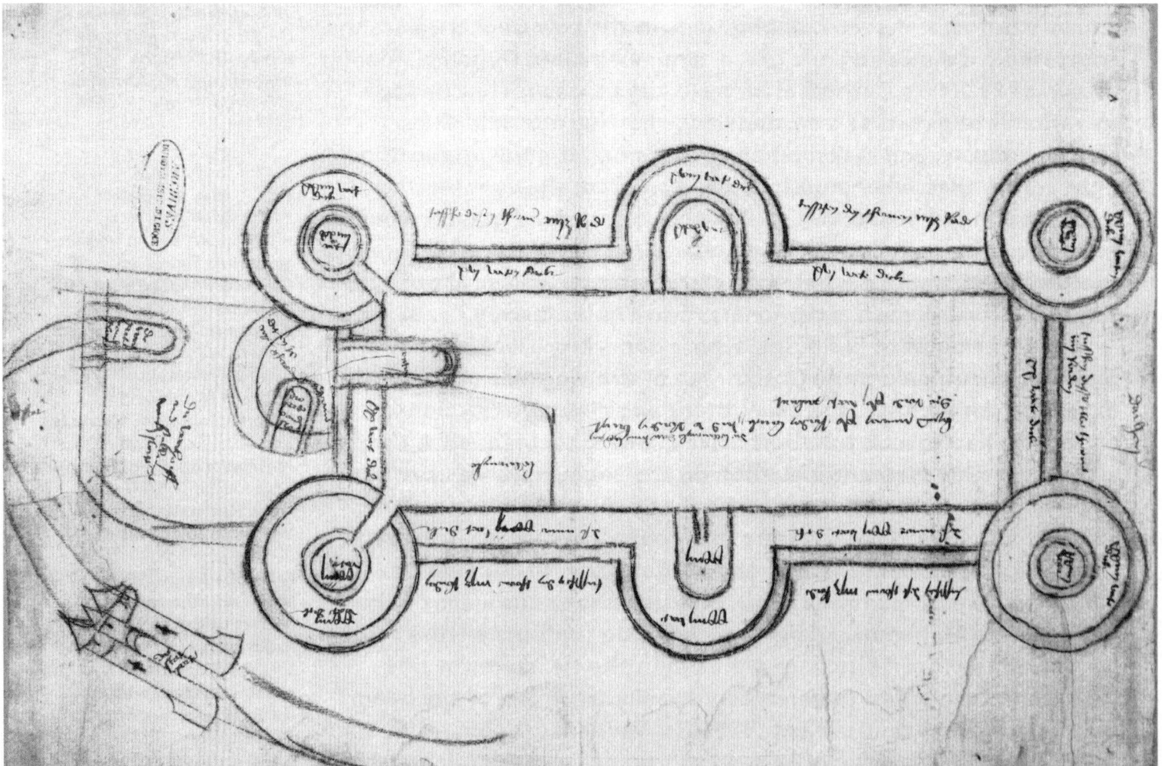

Peter Bandon, floor plan and birds-eye-perspective of the Castle of Limburg (Belgium)/
plattegrond en vogelvlucht van het kasteel van Limburg (België), 1519

Countries are the two drawings in red chalk of the castle of Limburg (Belgium). One sheet shows a bird's-eye view of the castle and the other the ground plan on approximately the same scale. The drawings were made in 1519 on behalf of Emperor Charles V for the renovation of the castle by Peter Bandon, a local master mason who was in charge of the project. Together with a short description of the new plans (*Ordinance* and *concept*), the drawings were sent to the court in Brussels for approval.[9] Bandon was not an experienced draughtsman and clearly had difficulty depicting space. As a result, he combined different points of view in the bird's-eye view. In addition, he positioned the towers on top of each other in order to be able to show the entire castle, and instead of drawing the receding walls in perspective, they were flattened and rotated so that it looks as if they were lying on the ground. Regardless of the mediocre drawing skills of the maker, these drawings show that master masons had been experimenting with combined projections for several decades before the supposed introduction of this method by Italian treatises in the 1540s.

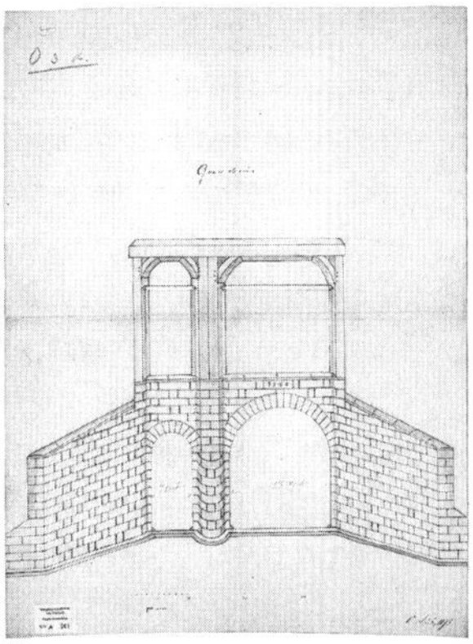

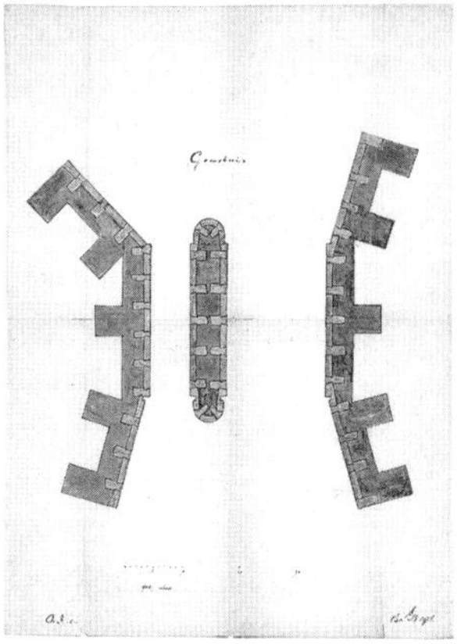

> p 8-9
Cornelis Fredericksz van Montfoort (?), floor plan and elevation of the Gouwesluis near Alphen a/d Rijn/ plattegrond en opstand van de Gouwesluis bij Alphen a/d Rijn, 1562

Italian Influence on 'Gothic' Masters

No other combined drawings from the beginning of the sixteenth century are known in the Low Countries. Yet these early examples do not stand alone. Such innovations arose from the increasing need in construction to communicate and present designs better and more attractively. The fact that Gothic masters did not just stubbornly adhere to their traditions is evident from the rapid assimilation of the more systematic Italian style of drawing in the middle of the sixteenth century. A good example of this is the plan and elevation for the Gouwesluis near Alphen aan den Rijn. This lock was commissioned by the Rhineland Water Board and was intended to provide an improved connection between the Gouwe and the Oude Rijn (Old Rhine). The coloured drawings were made in 1562 and were probably drawn by Cornelis Fredericksz van Montfoort, master carpenter of Saint John's in Gouda.[10] The elevation shows the lock seen from the Oude Rijn with the masonry piers, the two passageways and the wooden frames above for the guillotine gates, which are drawn on the same scale as the floor plan. Both drawings contain an interesting note on the back that shows that Vitruvian terminology was known to Van Montfoort: the elevation contains the inscription *Die Orthigraphie ofte Recht opstaende bescrivinghe ende toninghe van de Sluyze tot Alphen* (The Orthographia or elevation view of the sluice in Alphen) and the floor plan *Die Ichnographie of platten grondt van de Sluyse in den Rijndijck leggende tot Alphen* (The Ichnographia or plan of the sluice in the Rhine dike located in Alphen). The depiction of space is less consistent than in Italian treatises: for example, the elevation is not strictly orthogonal but has been drawn in perspective.[11] A more important difference with the treatises, however, is that their interrelationship is not made entirely explicit, because the plan and elevation are not drawn on the same sheet of paper.

The 1556 drawing for the Westsluis of Halfweg by Cornelis Frederickszn van der Goude, master mason of Saint John's in Gouda

9 Ibid., 291.

10 Merlijn Hurx, 'Building on "Hollow Land": Skill and Expertise in Foundation-Laying Practices in the Low Countries (15th-17th century)', in: Elizabeth Merrill (ed.), *The Creation of Place in Early Modern European Architecture* (forthcoming in 2020 by Amsterdam University Press).

11 Serlio's elevations are not always pure flat projections either, however, Palladio was more consistent in this respect.

het project. Samen met een korte beschrijving van de nieuwe plannen (*Ordinantie en concept*) werden de tekeningen opgestuurd ter goedkeuring naar het hof in Brussel.[9] Bandon was geen geoefend tekenaar en had duidelijk moeite had met het weergeven van ruimte. Zo combineerde hij in de vogelvlucht verschillende gezichtspunten. Daarnaast positioneerde hij de torens boven elkaar om het gehele kasteel te kunnen tonen en in plaats van de muren in perspectief te tekenen, zijn ze plat weergegeven en gedraaid waardoor het lijkt alsof ze op de grond liggen. Ongeacht de matige tekenvaardigheid van de maker, laten deze tekeningen zien dat meestermetselaars al enkele decennia experimenteerden met gecombineerde projecties vóór de veronderstelde introductie van deze tekenwijze door Italiaanse traktaten in de jaren 1540.

Italiaanse invloed op 'gotische' meesters

Er zijn in de Nederlanden geen andere gecombineerde tekeningen uit het begin van de zestiende eeuw bekend. Toch staan deze vroege voorbeelden niet op zichzelf. Dergelijke innovaties kwamen voort uit de toenemende behoefte in de bouwpraktijk om ontwerpen beter en aantrekkelijker te kunnen communiceren en presenteren. Dat gotische meesters niet stug vasthielden aan hun tradities blijkt onder andere uit de snelle assimilatie van de meer systematische Italiaanse tekenwijze in het midden van de zestiende eeuw. Een mooi voorbeeld daarvan zijn de plattegrond en opstand voor de Gouwesluis bij Alphen aan den Rijn. Deze sluis werd in opdracht van het Hoogheemraadschap Rijnland gemaakt en moest zorgen voor een verbeterde verbinding tussen de Gouwe en de Oude Rijn. De ingekleurde tekeningen werden in 1562 gemaakt en zijn waarschijnlijk van de hand van Cornelis Fredereickszn van Montfoort, meestertimmerman van de Sint-Jan in Gouda.[10] De opstand toont de sluis vanaf de Oude Rijn met de stenen sluishoofden, de twee doorgangen en daarboven het houten windwerk voor de valdeuren (schotdeuren) en is op dezelfde schaal gemaakt als de plattegrond. Beide tekeningen bevatten op de achterzijde een interessante notitie die laat zien dat de Vitruviaanse terminologie bekend was bij Van Montfoort: de opstand bevat het opschrift *Die Orthigraphie ofte Recht opstaende bescrivinghe ende toninghe van de Sluyze tot Alphen* en de plattegrond *Die Ichnographie of platten grondt van de Sluyse in den Rijndijck leggende tot Alphen*. De weergave van ruimte is minder consistent dan in Italiaanse traktaten: zo is de opstand geen strikt orthogonale tekening, maar wordt er perspectief gebruikt.[11] Een belangrijker verschil met de traktaten is echter dat de onderlinge samenhang niet helemaal expliciet wordt gemaakt, doordat de plattegrond en opstand niet op hetzelfde vel zijn getekend.

De tekening voor de Westsluis van Halfweg uit 1556 van Cornelis Frederickszn van der Goude, meestermetselaar van de Sint-Jan in Gouda (niet te verwarren met zijn naamgenoot Cornelis Frederickszn van Montfoort), laat echter zien dat systematische orthografische combinaties van opstand en plattegrond in de praktijk al snel hun intrede deden. De tekeningen betreffen een plan voor de eerste stenen sluis van het Hoogheemraadschap Rijnland.[12] Deze duikersluis (een sluis die in de dijk is gelegen) had tot doel om de uitwatering te bevorderen van het Spieringmeer in het IJ, wat toen nog een uitloper van de Zuiderzee was. Deze tekening is een stuk soberder dan het ontwerp voor de Gouwesluis: er is geen sprake van perspectief of schaduwwerking, wat erop duidt dat het

9
Ibid., 291.

10
Merlijn Hurx, 'Building on "Hollow Land": Skill and Expertise in Foundation-Laying Practices in the Low Countries (15th-17th century)', in: Elizabeth Merrill (red.), *The Creation of Place in Early Modern European Architecture* (verschijnt in 2020 bij Amsterdam University Press).

11
Overigens zijn Serlio's opstanden evenmin altijd pure platte projecties, Palladio was in dit opzicht consequenter.

12
M.H.V. van Amstel-Horák, 'Nieuwbouw van twee sluizen in een benarde tijd: Halfweg 1556-1558', in: Ludy Giebels (red.), *Zeven eeuwen Rijnlandse uitwatering in Spaarndam en Halfweg: Van beveiliging naar beheersing* (Leiden: Verloren, 1994), 47-74; Hurx, 'Building on "Hollow Land"', op. cit. (noot 10).

(not to be confused with his namesake Cornelis Fredericksz van Montfoort) shows, however, that systematic orthographic combinations of elevation and plan made their appearance in construction quite rapidly. The drawings show a design for the first stone sluice of the Rhineland Water Board.[12] The purpose of this sluice, which was built in the main body of the dike, was to facilitate the drainage of the Spieringmeer into the IJ, which at the time was still an extension of the Zuiderzee. This drawing is more austere than the design for the Gouwesluis: there is no perspective or shadow effect, which indicates that it was a technical drawing intended to evaluate the functionality of the sluice. This is also evident from the fact that the drawing is part of a larger set of drawings, which show small variations in the shape of the buttresses and their position in relation to the lock gates.

It is remarkable that the plan and section are shown on the same sheet and on the same scale. Although the plan does not have a mark indicating where the section was taken, this can be deduced from the position of both drawings: the bottom of the section is exactly in line with the bottom threshold (sluice sill) of the sluice gates. Both drawings only show what lies on the surface of the projection: for example, the wooden upper beam is missing from the floor plan, which, together with the blue limestone threshold, was intended to prevent the doors from collapsing under the pressure of the water. It is visible, however, in the cross section as a brown horizontal beam that cuts through the barrel vault. No other architectural drawings by Van der Goude have been preserved,

12
M.H.V. van Amstel-Horák, 'Nieuwbouw van twee sluizen in een benarde tijd: Halfweg 1556-1558', in: Ludy Giebels (ed.), *Zeven eeuwen Rijnlandse uitwatering in Spaarndam en Halfweg: Van beveiliging naar beheersing* (Leiden: Verloren, 1994), 47-74; Hurx, 'Building on "Hollow Land"', op. cit. (note 10).

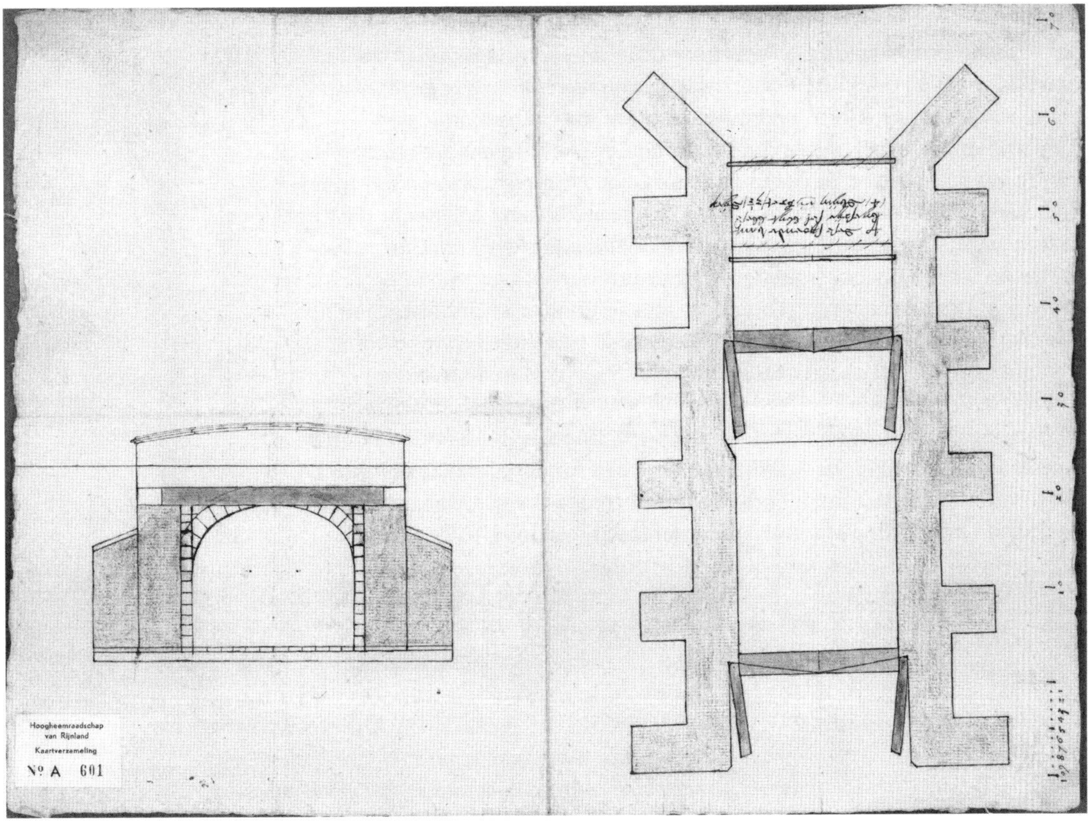

Cornelis Frederickszn van der Goude, floor plan and section of Westsluis in Halfweg/ plattegrond en doorsnede van de Westsluis in Halfweg, 1556

een technische tekening betreft, die werd gebruikt om de functionaliteit van de sluis te bespreken. Dat blijkt ook wel uit het feit dat de tekening onderdeel uitmaakt van een grotere set tekeningen met daarop enkele kleine variaties in de vorm van de steunberen en hun positie ten opzichte van de sluisdeuren.

Het is bijzonder dat de plattegrond en de doorsnede op hetzelfde vel én op dezelfde schaal zijn weergegeven. De plattegrond heeft weliswaar geen markering die aangeeft waar de doorsnede is genomen, maar dit kan uit de positie van beide tekeningen afgeleid worden: de onderzijde van de doorsnede bevindt zich exact op één lijn met de onderste onderslagdorpel van de puntdeuren. Beide tekeningen geven alleen weer wat in het vlak van de projectie ligt: zo ontbreekt op de plattegrond de houten bovenslagbalk die samen met de hardstenen dorpel moest voorkomen dat de deuren niet bezweken onder de druk van het water. Maar deze is wel weergegeven in de doorsnede als een bruine horizontale balk die het tongewelf doorsnijdt. Van Van der Goude zijn geen andere architectuurtekeningen bewaard gebleven, maar hij moet ook goed bekend zijn geweest met de gotische tekenwijze, aangezien hij vanaf de jaren 1520 de bouw van verschillende gotische kerken leidde.[13] Het is van betekenis dat hij aan het einde van een lange succesvolle carrière experimenteerde met een nieuwe manier van tekenen.

Conclusie

De besproken voorbeelden laten zien dat de ontwikkeling van de architectuurtekening zich niet beperkte tot de kaders van onze huidige stijlcategorieën ‘gotiek’ en ‘renaissance’, en dat de bouwwereld minder traditioneel was dan vaak aangenomen. Het waren niet alleen Italiaanse kunstenaar-architecten die nieuwe tekentechnieken introduceerden, maar de tekening ontwikkelde zich evenzeer door de veranderingen in de praktijk. Door de commercialisering van de bouwwereld in de vijftiende eeuw maakte de ontwerp- en bouwpraktijk in de Nederlanden een fundamentele transformatie door, waarbij de tekening een steeds centralere rol kreeg in de communicatie tussen ontwerper, opdrachtgever en bouwers. De tekeningen van de kap van het kasteel van Tervuren en het kasteel van Limburg tonen aan dat vóór de introductie van architectuurtraktaten, er reeds door meesters uit het bouwvak werd geëxperimenteerd met gecombineerde projecties. Tevens verklaart het belang van de tekening een paradoxale ontwikkeling: namelijk de grote invloed van traktaten op de architectuurtekening in het noorden in de tweede helft van de zestiende eeuw. De tekeningen van de sluizen van Halfweg en Alphen aan den Rijn laten zien dat meestermetselaars en -timmerlieden de systematische manier van weergeven snel overnamen. Italiaanse innovaties vonden een vruchtbare bodem, omdat ze beantwoordden aan de bestaande behoefte aan betere communicatiemiddelen in de praktijk.

13
Bianca van den Berg, *De Sint-Janskerk in Gouda: Een oude stadskerk volgens een nieuw ruimtelijk plan*, Historische vereniging die Goude 33 (Hilversum: Verloren, 2008), 87-80.

but he must have been well acquainted with the Gothic style of drawing too, as he led the construction of several Gothic churches from the 1520s onwards.[13] It is significant that at the end of a long and successful career as master mason, he experimented with a new way of drawing.

Conclusion

The examples discussed above demonstrate how the development of architectural drawing techniques does not fit the frameworks of our current stylistic categories of 'Gothic' and 'Renaissance', and that the construction industry was less traditional than is often assumed. It was not only Italian artist-architects who introduced these new drawing techniques, the drawing also developed as a result of changes in practice. With the commercialisation of the construction industry in the fifteenth century, the design and building practice in the Low Countries underwent a fundamental transformation in which drawings assumed an increasingly central role in the communication between designer, patron and builders. The drawings of the roof structure of Tervuren Castle and the castle of Limburg show that before the introduction of architectural treatises, master masons already experimented with combined projections. In addition, the importance of the drawing also explains a paradoxical development: namely the great influence of these treatises on architectural drawings in northern Europe during the second half of the sixteenth century. The drawings of the sluices of Halfweg and Alphen aan den Rijn show that master masons and carpenters quickly adopted this systematic way of depiction: Italian innovations found fertile ground, because they met the existing needs for better means of communication in practice.

Translation: Bart Decroos

13
Bianca van den Berg, *De Sint-Janskerk in Gouda: Een oude stadskerk volgens een nieuw ruimtelijk plan*, Historische vereniging die Goude 33 (Hilversum: Verloren, 2008), 87-80.

Bart Decroos

Een constructie van tijd

> **p. 142-143**
John Hejduk, sketch for the Victims project/ schets voor het project *Victims*, 1984

Een vergeelde pagina uit een met lijntjes voorzien schrift is gevuld met miniatuurschetsen in zwarte inkt van 63 architectonische bouwwerken. De tekening geeft een overzicht van de verschillende elementen van John Hejduk's Victims, een ontwerpvoorstel voor de Prinz-Albert-Palais prijsvraag in Berlijn uit 1984. Het programma van eisen bestond uit het ontwerp voor een gedenkpark op de plaats van een voormalig Gestapo-hoofdkwartier dat aan het eind van de Tweede Wereldoorlog werd vernietigd en waar tot op vandaag nog steeds een deel van de Berlijnse Muur staat. De tekening werd in 1986 door de Architectural Assocation gepubliceerd in de eerste uitgave van de *Text* boekenreeks en maakte deel uit van een verzameling van 25 schetsen, die samen met 65 lijntekeningen, een introductietekst, gedetailleerde beschrijvingen voor elk van de bouwwerken, en een fictief dagboek dat het bouwproces van het project volgt, werden uitgegeven.[1]

Hejduk's werk wordt vaak wordt beschouwd als papieren architectuur, in lijn met de autonome architectuur van bijvoorbeeld Peter Eisenman, met wie hij samen tot de 'New York Five' werd gerekend. Maar Hejduk was altijd al een buitenbeentje. Het werk van Eisenman en anderen die binnen het paradigma van de autonome architectuur opereerden, richtte zich op de architectuur als een statisch en formeel object. In hun projecten is de tekening zelf het project en wordt het gebouw in het beste geval een één-op-één demonstratie van de tekening. Hejduk's werk, ook al is er weinig van gebouwd, biedt een meer relationele benadering van de architectuur. Hij is minder geïnteresseerd in de formele kwaliteiten van het architectonische object op zich, maar richt zich expliciet tot de 'bemiddeling' van gebouwen binnen de menselijke en niet-menselijke omgeving. Hij benaderde ze via een expliciet narratief: voor Hejduk werden gebouwen *masques*, die het karakter van hun bewoners belichamen en eigen persoonlijkheden, motieven en verlangens hebben. De constructies op deze tekening gaan dan ook vergezeld van beschrijvingen van het karakter dat elk van hen verpersoonlijkt, met bijvoorbeeld de *Office Tower*, het *Labyrinth* of de *Record Hall* als personificatie van respectievelijk de *Physician*, de *Soloist* of de *Keeper of the Records*. Daarnaast omvatten de beschrijvingen zowel neutrale definities als fragmenten van dialogen, gedichten, biografische verhalen en cryptische raadsels. Hejduk legt daarbij minder de nadruk op de architectuur van de bouwwerken zelf, maar focust zich in de eerste plaats op de relaties tussen de verschillende elementen.

In tegenstelling tot de opvatting dat architectuur een statisch object zou zijn, omschrijft Hejduk het *Victims*-project als een 'constructie van tijd'.[2] Zijn ontwerp stelt voor om de site van het gedenkpark te omsluiten met twee hagen en een treinspoor ertussen. De 67 bouwwerken – of personages – zouden de ruimte binnenin bewonen, die over twee perioden van telkens 30 jaar zouden worden gebouwd. Het was aan de stad Berlijn en haar inwoners om te beslissen waar ze precies zouden worden gebouwd en of ze allemaal gewenst waren, slechts enkele van hen, of geen een; de enige plattegrond in het voorstel werd expliciet beschreven als

1
De schetsen zijn van de hand van John Hejduk, terwijl de lijntekeningen door Nicholas Boyarski werden getekend naar aanleiding van een tentoonstelling van het project bij de AA in het najaar van 1986. John Hejduk, *Victims* (Londen: Architectural Association, 1986).

2
Ibid., 9.

Bart Decroos

A Construction of Time

A yellowed page of a ruled notebook is filled with miniature sketches in black ink of 63 architectural constructions. The drawing gives an overview of the different elements of John Hejduk's *Victims* project, a design proposal for the 1984 Prinz-Albert-Palais competition in Berlin. The competition entailed the design of a memorial park on the site of a former Gestapo headquarters that was destroyed at the end of the Second World War and where up until today a part of the Berlin Wall still stands. The drawing was published by the Architectural Association in the first book of their *Text* series in 1986 and was part of a collection of 25 sketches, shown alongside 65 line drawings, an introduction text, detailed descriptions for each of the constructions, and a fictional diary that tracked the construction of the project.[1]

Hejduk's work has often been considered as paper architecture, in line with the autonomous work of, for example, Peter Eisenman, with who he was included in the 'New York Five'. But Hejduk has always been the odd one out. The work of Eisenman and others that operated within the paradigm of autonomy was focused on architecture as a static and formal object. In their projects, the drawing *is* the project, and the building, at best, becomes a one-to-one demonstration of the drawing. Hejduk's work, even though little of it has actually been built, offers a more relational approach to architecture. Less interested in the formal qualities of the architectural object, Hejduk explicitly addressed the agency of buildings within human and non-human environments. He approached them through an explicit narrative approach: for Hejduk, buildings became *masques* that embody the character of their inhabitants and have their own personalities, motives and desires. As such, the constructions on this drawing are accompanied by a description of the character each of them personified, with, for example, the Office Tower, the Labyrinth or the Record Hall personifying the Physician, the Soloist or the Keeper of the Records, respectively. In addition, the descriptions range from neutral definitions to fragments of dialogue, poems, biographical narratives and cryptic riddles. In doing so, Hejduk explains less about the architecture of the constructions themselves but focuses first and foremost on the relationships between the various elements.

In contrast to the conception of architecture as a static object, Hejduk describes the *Victims* project as a 'construction of time'.[2] His design proposes to enclose the site of the memorial park with two hedges and a trolley track in between. The 67 architectural constructions – or characters – were to inhabit the space within and were planned to be constructed over two 30-year periods. It was up to the city of Berlin and its citizens to decide where exactly they would be built and whether they wanted all of them, only some of them, or none – the only site plan included in the proposal was

1
The sketches were drawn by John Hejduk himself, while the line drawings were made by Nicholas Boyarsky on the occasion of an exhibition of the project at the AA in the fall of 1986. John Hejduk, *Victims* (London: Architectural Association, 1986).

2
Ibid., 9.

een van de vele mogelijkheden. De rest van het park werd bedekt met een raster van bomen die over een periode van 30 jaar volwassen zouden worden, samen met een nieuwe generatie inwoners.

Hoewel het project slechts een prijsvraaginzending was en nooit werd gerealiseerd, werd de realiteit van het bouwproces wel al in het fictieve dagboek gesuggereerd. Zodoende benadrukte Hejduk het relationele karakter van het project, en verklaart het misschien waarom de tekeningen slechts schetsen zijn: ze zijn niet de vooraf bepaalde weergave van een statisch object, maar een uitnodiging om een dialoog aan te gaan over een 60 jaar durend proces van constructie en transformatie van alle betrokken actoren. Het *Victims*-project is dus allesbehalve een papieren architectuur, maar een dialoog die op antwoord wacht.

explicitly described as a mere possible configuration among many. The rest of the park was overlaid with a grid of trees that were planned to mature over 30 years, together with a new generation of citizens. While the project was only a competition entry and was never realised, the reality of the construction process was nonetheless suggested in the fictional diary. In doing so, Hejduk emphasised the relational character of the project, which might explain why the drawings are mere sketches and only sketches: they are not the fixed representation of a static object, but an invitation to start a dialogue about a 60-year-long process of construction and transformation of all actors involved. As such, the *Victims* project is anything but mere paper architecture, it is a dialogue waiting for a reply.

Helen Thomas

De belofte van het platte vlak

Een reflectie op niet-productieve tijdsbesteding

In het algemeen is de hedendaagse architectuurpraktijk een bedrijf dat, om zijn eigen bestaan te kunnen verzekeren, gevoelig is voor de stroming van inkomsten en uitgaven. Net als bij meditatie in yoga, waar het komen en gaan van de ademhaling wordt ingezet om zich te concentreren op de eigen aanwezigheid, speelt geld binnen een bedrijf een soortgelijke rol; het is de stabiele achtergrond waartegen een praktijk zich kan ontwikkelen. Een architectuurpraktijk die economisch wil overleven, moet zijn tijd dan ook productief, dat wil zeggen, nuttig, besteden.

De tijdrovende activiteit van het tekenen staat al centraal in de architectuurpraktijk sinds de Renaissance, toen de architectuur werd verheven van een ambacht tot een intellectuele bezigheid die op afstand van de bouwplaats werd uitgevoerd. In deze scheiding tussen de lichamelijke arbeid van ambacht en bouwen enerzijds en het conceptuele kunstwerk anderzijds werd tekenen het middel waarmee bedoelingen werden verbeeld, tot een oplossing gebracht en gecommuniceerd. Terwijl het medium blijft oscilleren tussen het corporele en het conceptuele – van het grove handwerk dat nodig is om het eindproduct, het gebouw, te construeren tot het fijn-motorische handwerk van de tekening, en vervolgens de bijna zuiver intellectuele inspanning binnen een virtuele omgeving – transformeert ook de verhouding van de werknemer tot het werk.

Elke architectuurtekening, of die nu met de hand of op de computer is gemaakt, belichaamt de tijd die is besteed aan het maken ervan. De financiële kosten van deze arbeid worden gerechtvaardigd door de opbrengsten van de verschillende rollen die de tekening kan spelen – als een document dat instructies doorgeeft, of ideeën verkoopt, of cultureel kapitaal verwerft, of een manier van denken uitdrukt, bijvoorbeeld. Sommige tekeningen kunnen concreter worden ingezet dan andere, en de kosten daarvan zijn dus makkelijker te meten en te berekenen binnen de economische kaders van de praktijk.

'Telkens wanneer de betekenis van een discussie afhangt van de fundamentele waarde van het woord "nuttig",' schreef Georges Bataille (1897-1962), 'kan worden vastgesteld dat het debat noodzakelijkerwijs verstoord is en dat de fundamentele vraag wordt ontweken' in een systeem waarbinnen 'elke individuele inspanning, om steekhoudend te zijn, herleid moet kunnen worden tot de fundamentele noodzaak van productie en behoud'.[1] Wanneer we echter rekening houden met de andere kwaliteiten van een tekening tijdens het maakproces, zoals bewust kunnen nadenken en handigheid in het nemen van beslissingen, maar ook mediteren en reflecteren en zelfs de mogelijkheid zich te vervelen, gaat het debat in de richting van de vraag waarnaar Bataille verwijst. Dan ontstaat er, volgens Bataille, vanuit een intellectuele, maar niet-rationele

1
Georges Bataille, 'The Notion of Expenditure' (1933), in: Fred Botting en Scott Wilson (red.), *The Bataille Reader* (Oxford: Blackwell Publishing, 1997), 167-168.

Helen Thomas

The Promise of the Flat Field

A Reflection on Non-productive Expenditure

The contemporary practice of architecture, on the surface and in order to maintain itself, is a business with a sensitive response to flows of income and expenditure. As in yogic meditation, when the ebb and flow of breath is used to focus the respiring subject on the singularity of its individual present, so it is with money for a business; it is the stable background against which a practice can develop. In an architectural practice, economic survival requires that this time passes in productive expenditure, that is, usefully.

The time-consuming activity of drawing has been at the heart of architectural practice since the Renaissance, when architecture became elevated from a craft to an intellectual pursuit carried out remotely from the site of construction. In this separation of the bodily labour of craft and construction from the conceptual work of art, drawing became the means through which intentions were imagined, resolved and communicated. As the medium of endeavour continues to migrate from the corporeal to the conceptual: from vigorous manual labour constructing a final product, a building, to the fine control of the hand producing a drawing, and then to almost purely intellectual exertion within a virtual environment, so transforms the relationship of the worker to their work.

Embodied in every architectural drawing, whether made by hand or on the computer, is the time expended in making it. The pecuniary cost of this labour is offset in the value accrued by the various roles that the drawing might play – as a document communicating instructions, or selling ideas, or acquiring cultural capital, or as an iteration of thought, for example. Some drawings have more tangible uses than others, and the cost of their production is more easily measured and balanced within the economic framework of a practice.

'Every time the meaning of a discussion depends on the fundamental value of the word "useful"', wrote Georges Bataille (1897-1962), 'it is possible to affirm that the debate is necessarily warped and that the fundamental question is eluded' within a system where 'all individual effort, in order to be valid, must be reducible to the fundamental necessities of production and conservation'.[1] When other qualities embodied in the drawing through the process of its making are considered, however, such as conscious thought and the ability to take expert decisions, but also meditation, reflection and even the opportunity for boredom, the debate moves towards the question to which he refers. In Bataille's terms, an alternative perspective arises from an intellectual but non-rational state than can be achieved through the non-productive expenditure

1 Georges Bataille, 'The Notion of Expenditure' (1933), in: Fred Botting and Scott Wilson (eds.), *The Bataille Reader* (Oxford: Blackwell Publishing, 1997), 167-168.

toestand een alternatief perspectief dat kan worden bereikt door een niet-productieve besteding van energie of tijd. Het is een notie die verschillende gedaanten kent en kunstenaars en schrijvers heeft gefascineerd sinds Karl Marx de term 'niet-productieve arbeid' introduceerde in zijn in 1862-1863 geschreven 'Theories of Surplus Value', dat hij verder uitwerkte in zijn in 1867 voor het eerst verschenen *Das Kapital.*

Veertien jaar na de publicatie van *Das Kapital* maakte de Britse architect George Aitchison (1825-1910) een van zijn compacte, intens bewerkte presentatietekeningen voor een aristocratische opdrachtgever, Lord Leaconfield of Petworth. Op het eerste gezicht is het doel even conventioneel als het onderwerp: getekend in opstand zijn de wanden voor een *morning room* in een elegant pand in Mayfair, Londen; de bedoeling is om de opdrachtgever in vervoering te brengen – en misschien ook wel om een ontwerp vast te leggen dat voor zijn realisatie en voortbestaan afhankelijk was van de mode van die tijd.[2] De tekening staat op een langwerpig vel blank papier, en biedt een nauwkeurig geïsoleerde uitsnede van een wand van de *morning room.* Het vertrek is omgeven door een leegte die van alle kanten naar binnen dringt, die door de dubbele deuren wordt buitengesloten en die blanco wordt gereflecteerd in de spiegel boven de rijk bewerkte schouw. Aan de bovenzijde bevindt zich een eenvoudige kroonlijst, aan de onderzijde een doorlopende plint die wordt onderbroken door de schouw en de met donker houtsnijwerk omlijste dubbele deuren.

Deze manier om een tekening te omlijsten is bedoeld om de substantie van de tekening te accentueren: voor de wandbespanning van de *morning room* wordt via een dicht netwerk van goudkleurige penseelstreken een

2
Zie voor een nadere bespreking van George Aitchison's bedoelingen en tekenpraktijk: Daniel Robbins, 'Aitchison's Drawings', in: Caroline Dakers en Daniel Robbins, *George Aitchison: Leighton's Architect Revealed* (Londen: Leighton House Museum, 2011) 52-57. Op pagina 55 gaat Robbins in op de kwestie van het auteurschap van de tekeningen, waarbij hij suggereert dat Aitchison het schilderwerk en de details gewoonlijk weliswaar zelf uitvoerde, maar dat de tekeningen soms werden opgezet door een kantoormedewerker.

> **p. 10-11**
George Aitchison, design for the interior decoration of the Morning Room/ ontwerp voor de interieurdecoratie van de *morning room*, 9 Chesterfield Gardens #1, Mayfair, 1881

of energy or time, an idea that has fascinated artists and writers in its many varieties since Karl Marx used the term 'unproductive labour' in 'Theories of Surplus Value', written in 1862-1863 and developed in *Das Kapital*, first published in 1867.

Fourteen years after the publication of *Das Kapital*, British architect George Aitchison (1825-1910) made one of his dense, intensely worked presentation drawings for an aristocratic client, Lord Leaconfield of Petworth. At first glance the object is as conventional as its subject: a wall elevation for a morning room in an elegant house in Mayfair, London, made to entrance his patron and also perhaps a record of a design whose realisation and duration was contingent on the fashions of the time.[2] Centred on a long rectangle of paper, the edges of the drawing trace the cut of the section that isolates the room. It is surrounded by an emptiness that presses in from all sides, that is shut behind the double doors and blankly reflected in the mirror above the ornate fireplace. The top meets with a simple cornice, the bottom with a deep skirting board, interrupted by a mantel, that connects the two closed, dark wood-encased door openings.

These framing devices serve to accentuate the substance of the drawing: the wall coverings of the morning room display a thicket of golden brush strokes that describe a repeated pattern painted over a wash of archaeological red, the colours of which congeal underneath darker blood-coloured randomly distributed, irregularly-shaped spots that suggest a different order of things. The flat field compresses this amorphous arrangement, which is so easy not to see, with the web of repeated elements whose swags divide the plane into a symbolical regular grid. The inhabitants of this imaginary world dance, sometimes alone and sometimes squashed together or conversing in pairs; each one is slightly different. A purely manual production – partly measured and inscribed and partly judged by eye, the drawing embodies many hours of time and attention focussed on repeated actions of the hand. In her book *Memoirs of a Survivor* (1974), British author Doris Lessing (1919-2013), like Aitchison, used a flat surface to engage the intellect in a performance enacted outside the usual flow of time. She evoked a similar decorated field (in this case a fully wallpapered, fictional room) as an imaginative device – this time operated by the viewer rather than the producer – that provides access to worlds beyond reality, in which the problems that beset life can be lived through differently, as in a dream.

The journey into Aitchison and Lessing's fantasy realms – via an active gaze that drifts into distraction – is echoed in the writing of Bataille, who seeks a state beyond rational order that is not the product of constructive impulses towards a useful end. The method, purpose and reason for his desire for the dissolution of knowledge and its classification that lead to this condition are expounded in great depth in his writing on inner experience.[3] Here, he explored the possibility of capturing a moment that is real and sacred, a 'privileged instant' beyond reason achieved through a questioning of knowledge, a 'movement of contestation'. This provides the conditions for hegemonic interpretations of the world to be disman-

2
For further discussion on George Aitchison's intentions and practice of drawing, see: Daniel Robbins, 'Aitchison's Drawings', in: Caroline Dakers and Daniel Robbins, *George Aitchison: Leighton's Architect Revealed* (London: Leighton House Museum, 2011), 52-57. On page 55, Robbins addresses the issue of authorship of the drawings, suggesting that Aitchison would have carried out the painting and detailed work, with the initial setting out sometimes performed by an office assistant.

3
Georges Bataille, *Inner Experience* (Albany: State University of New York Press, 1988), first published as *L'éxpérience intérieure* (Paris: Éditions Gallimard, 1943) and 'Part 1: Inner Experience', in: Botting and Wilson, *The Bataille Reader*, op. cit. (note 1), 35-118.

repeterend patroon over een laag Romeins rood aangebracht, waarvan de kleuren stollen onder donkerder, willekeurig verspreide, onregelmatig gevormde bloedrode vlekken die een andere orde suggereren. Het platte vlak drukt dit amorfe geheel, dat zo gemakkelijk over het hoofd te zien is, samen met een web van herhaalde elementen waarvan de guirlandes het vlak in een symbolisch raster verdelen. De bewoners van deze denkbeeldige wereld dansen, soms alleen, soms in innige omhelzing en soms samen in gesprek; allemaal zijn ze net iets anders. Het is een volledig handgemaakt product – in de deels uitgemeten en ingetekende en deels op het oog geschetste tekening zitten vele uren tijd en aandacht, het resultaat van herhaalde handbewegingen. In haar boek *Memoirs of a Survivor* (1974) gebruikte de Britse schrijfster Doris Lessing (1919-2013), net als Aitchison, een plat vlak om het intellect te betrekken bij een gebeurtenis die zich buiten de gebruikelijke tijdstroom afspeelde. Zij riep eenzelfde soort gedecoreerd vlak op (in dit geval een volledig behangen, fictieve kamer) als een fantasierijk middel – dat in dit geval niet door de maker, maar door de toeschouwer wordt gebruikt – om toegang te bieden tot werelden voorbij de werkelijkheid, waarin de problemen die het leven met zich meebrengt anders konden worden beleefd, als in een droom.

De reis naar een fantasiewereld bij Aitchison en Lessing – via een actieve blik die overgaat in een verstrooide – weerklinkt in het schrijven van Bataille, die een toestand zoekt die voorbij de rationele orde gaat en niet het resultaat is van een daadwerkelijke behoefte om een nuttig doel te verwezenlijken. Bataille licht de methode, het doel en de reden van zijn verlangen naar de ontbinding van kennis en de classificatie ervan, die tot deze conditie leiden, uitgebreid toe in zijn schrijven over innerlijke ervaring.[3] Daarin verkent hij de mogelijkheid om een moment vast te leggen dat authentiek en heilig is, een 'geprivilegieerd moment' dat boven de rede uitstijgt en dat kan worden bereikt door een bevraging van kennis, door een 'daad van verzet'. Hier schept hij de voorwaarden voor de ontmanteling van de heersende interpretatie van de wereld of voor, op zijn minst, een verfrissende interpretatie vanuit een ander perspectief – een nuttige beweging voor de creatieve geest.[4] Bataille's verlangen naar de 'nacht van het niet-weten' leidt niet tot een oplossing of een antwoord: er wordt niets geopenbaard, behalve een inzicht in de onvolkomenheid, in het overschot aan niets dat de angst voor moderniteit teweegbrengt, die de bewoners van Aitchison's laat-negentiende-eeuwse wereld begonnen te ervaren. Holle leegte onthult geen God, totaliteit of onsterfelijkheid, maar een ontmoeting met de mensheid. Deze ervaring is niet die van de mystieke synthese van de gevestigde religie of die van de vrijheid die ten grondslag ligt aan het door het situationisme nagestreefde valse bewustzijn, noch is het een utopisch ideaal. Het is eenvoudigweg een erkenning van oneindige mogelijkheden in de wereld.[5] In dit opzicht loopt het voorstel van Bataille vooruit op latere experimenten, bijvoorbeeld met nieuwsgierigheid in Pierre Huyghe's *freed time* ('vrijgemaakte tijd'), waarmee een ander aspect van de innerlijke ervaring kan worden verkend:

> Innerlijke ervaring is het tegenovergestelde van activiteit. Niets meer dan dat. 'Activiteit' is volledig afhankelijk van projectmatigheid. En wat daar erg aan is, is dat het discursieve denken zelf betrokken is bij de bestaanswijze van de projectmatigheid. Het discursieve denken wordt aan het licht gebracht door een individu dat actief is: het speelt zich af in het individu terwijl het projecten opzet, op het niveau van de

3
Georges Bataille, *Inner Experience* (Albany: State University of New York Press, 1988); oorspronkelijk verschenen als *L'expérience intérieure* (Parijs: Éditions Gallimard, 1943) en 'Part 1: Inner Experience', in: Botting en Wilson, *The Bataille Reader*, op.cit. (noot 1), 35-118.

4
Ibid. Zie voor de bespreking van de daad van verzet pagina 51. Zie voor de relatie tussen de daad van verzet en de innerlijke ervaring pagina 111.

5
Gerhard Poppenberg, 'Inner Experience', in: Mark Hewson en Marcus Coelen (red.), *Georges Bataille: Key Concepts* (Londen: Routledge, 2016), 120.

tled, or at the least, conceived afresh from a different perspective – a useful move for the creative mind.[4] Bataille's desire for the 'night of non-knowledge' is resolved not in a solution or a response: nothing is revealed except an insight into incompleteness, a surplus of nothingness, which produces the anguish of modernity that the inhabitants of Aitchison's late-nineteenth-century world were beginning to experience. An empty void reveals not God, totality or immortality, but an encounter with humanity. This experience is not the mystical synthesis of established religion or the freedom underlying false consciousness sought by the Situationists, nor is it a utopian ideal, it is simply recognition of infinite possibility in the world.[5] In this, Bataille's proposal is a precursor to later experiments, including Pierre Huyghe's curiosity in *freed time*, through which another facet of inner experience can be explored:

> Inner experience is the opposite of action. Nothing more. 'Action' is utterly dependent upon project. And what is serious, is that discursive thought is itself engaged in the mode of existence of project. Discursive thought is evinced by an individual engaged in action: it takes place within him beginning with his projects, on the level of reflection upon projects. Project is not only the mode of existence implied by action, necessary to action – it is a way of being in paradoxical time: it is the putting off of existence to a later point.[6]

In 1995, French artist Pierre Huyghe (b. 1962) registered l'Association des Temps Libérés (Association of Freed Time) as 'a French Association as Defined in the 1901 Act'. This deed instigated a work of art manifest as discursive thought, the start of an open project with the declared intention 'to develop unproductive time, to reflect on free time', anticipating a renewal of possibilities for life in a series of 'social experiments as distinct from the packaged and controlled leisure time of the work economy'.[7] This could be seen as a project with a utopian intention if it were not for the deliberately fictional quality of the project manifest in iterations over time, which, since there is no evidence to the affirmative, may or may not have been enacted. Freed time is that which is embodied in the potential of stated intentions, making a virtue of the putting off of existence to a later point. Huyghe had begun to explore this potential in *Chantier permanent* (permanent construction site, 1993-1999), a project concerned with recording unfinished but inhabited dwellings, which he perceived as physical representations of freed time and 'open to any and all incidents that might occur'.[8]

Bataille's description of a project as discursive thought could be reflecting on Huyghe's investigations, but in the hiatus – the paradoxical time, a step outside its forward flow – that Huyghe's projects create and define, there is also the chance to reach the state of inner experience. In the protracted process of painting a miniature rendition of the wallpaper for the morning room of 6 Chesterfield Gardens, Aitchison also took a step outside time, one that is enhanced by the potential for an architectural drawing to be finished but not complete. In this case, consummation of purpose occurred perhaps when the room itself had been constructed

4
Ibid. For discussion of the movement of contestation see page 51. For the relationship between the movement of contestation and inner experience see page 111.

5
Gerhard Poppenberg, 'Inner Experience', in: Mark Hewson and Marcus Coelen (eds.), *Georges Bataille: Key Concepts* (London: Routledge, 2016), 120.

6
Georges Bataille, 'Inner Experience, The Torment IV', in: Botting and Wilson, *The Bataille Reader*, op. cit. (note 1), 76.

7
Laura Rotenberg, 'The Prospects of Freed Time: Pierre Huyghe and the Association des Temps Libérés', *Public Art Dialogue* 3/2 (2013), 186.

8
Pierre Huyghe, *The Trial* (Munich: Kunstverein/Zurich: Kunsthalle, 2000), 33.

reflectie op die projecten. Projectmatig is niet alleen de bestaanswijze die de activiteit met zich meebrengt, die aan het handelen voorafgaat – het is een manier om zich in de paradoxale tijd te bevinden: het is het uitstellen van het bestaan naar een later moment.[6]

In 1995 registreerde de Franse kunstenaar Pierre Huyghe (1962) zijn L'Association des Temps Libérés (Vereniging van de vrijgemaakte tijd) als 'een Franse vereniging zoals gedefinieerd in de wet van 1901'. Deze daad gaf aanleiding tot een kunstwerk dat zich manifesteerde als een discursieve gedachte en de aanzet gaf tot een open project met de verklaarde intentie 'om niet-productieve tijd te ontwikkelen, om na te denken over vrije tijd' en te anticiperen op een vernieuwing van de mogelijkheden die het leven biedt in een reeks 'sociale experimenten in tegenstelling tot de verpakte en gecontroleerde vrijetijdsbesteding van de arbeidseconomie'.[7] We kunnen dit zien als een project met een utopische bedoeling, ware het niet dat het project een opzettelijk fictieve kwaliteit heeft, die zich manifesteert in iteraties door de tijd heen die, aangezien er geen werkelijk bewijs voor is, al dan niet hebben plaatsgevonden. Vrijgemaakte tijd is wat aanwezig is in het potentieel van de verklaarde intenties, waardoor het uitstellen van het bestaan naar een later moment een deugd wordt. Huyghe begon dit te onderzoeken in *Chantier permanent* (permanente bouwplaats, 1993-1999), een project gericht op het vastleggen van incomplete, maar bewoonde huizen die hij beschouwde als fysieke representaties van de vrijgemaakte tijd en die 'openstonden voor alle mogelijke gebeurtenissen die zich zouden kunnen voordoen'.[8]

Bataille's omschrijving van een project als discursief denken zou kunnen terugslaan op Huyghe's onderzoek, maar ook in het door zijn projecten gecreëerde en gedefinieerde hiaat – de paradoxale tijd, de stap buiten de voorwaartse stroom van de tijd – kan een toestand van innerlijke ervaring worden bereikt. Tijdens het langdurige proces van het schilderen van een miniatuurweergave van het behangsel voor de *morning room* van Chesterfield Gardens nummer 6 zette Aitchison ook een stap buiten de tijd en die werd versterkt door de mogelijkheid van de architectuurtekening om weliswaar klaar te zijn, maar niet af. In dit geval werd het doel mogelijk bereikt toen de kamer werd gebouwd, maar het kan ook zijn dat het juist de afbraak van de ruimte was, die uiteindelijk het potentieel van de tekening als nuttig object tot bloei heeft gebracht.

Ten slotte moet, met betrekking tot Bataille's notie van niet-productieve besteding in relatie tot Aitchison's tekening, worden gewezen op de luxe en de overweldigende aantrekkingskracht van de schijnbaar geborduurde oppervlakken, van waaruit een golf van bestede tijd over de aandachtige toeschouwer spoelt en daar een overweldigend effect creëert:

> Het levende organisme, dat zich in een situatie bevindt die wordt bepaald door het spel van energie op het oppervlak van de aardbol, ontvangt gewoonlijk meer energie dan nodig is om het leven in stand te houden; de overtollige energie (rijkdom) kan worden gebruikt voor de groei van een systeem (bijvoorbeeld een organisme); als het systeem niet verder kan groeien, of als het overschot niet volledig kan worden geabsorbeerd tijdens de groei ervan, gaat het noodzakelijkerwijs verloren zonder dat er winst behaald wordt en moet het, of je nou wilt of niet, glorieus of catastrofaal worden besteed.[9]

6 Georges Bataille, 'Inner Experience, The Torment IV', in: Botting en Wilson, *The Bataille Reader*, op. cit. (noot 1), 76.

7 Laura Rotenberg, 'The Prospects of Freed Time: Pierre Huyghe and the Association des Temps Libérés', *Public Art Dialogue* 3/2 (2013), 186.

8 Pierre Huyghe, *The Trial* (München: Kunstverein/Zürich: Kunsthalle, 2000), 33.

9 Georges Bataille, *The Accursed Share: An Essay on General Economy* (New York: Zone Books, 1988), 21.

full-size, but it is possible that it was the room's destruction that ultimately brought the drawing's potential as a useful object to fruition.

One last word on Bataille's notion of non-productive expenditure in relation to Aitchison's drawing must consider the luxury and dense glamour of its embroidery-like surfaces, from which a wave of time consumed washes over the attentive viewer to create an overwhelming effect:

> The living organism, in a situation determined by the play of energy on the surface of the globe, ordinarily receives more energy than is necessary for maintaining life; the excess energy (wealth) can be used for the growth of a system (e.g., an organism); if the system can no longer grow, or if the excess cannot be completely absorbed in its growth, it must necessarily be lost without profit; it must be spent, willingly or not, gloriously or catastrophically.[9]

Loss without profit, the basis of non-productive expenditure, underlies Bataille's theory of economy. In his essay 'The Notion of Expenditure' he defines two levels of consumption – the minimum necessary to conserve life and the individual's productive activity in a given society, and then expenditure that is unproductive, that is unconditional expenditure only rational in the narrow sense of the word – luxury, mourning, war, games, arts and 'great competitive spectacles' that he associates with 'a sumptuary process of social classification'.[10] In Aitchison's drawing the consummate technique and the squandering of its brilliance in useless spectacle grasp the viewer's attention. In a commercial sense, this expenditure is non-productive. As one of a series of beautiful objects, however, this labour resulted in rewards of social status and cultural capital, almost to the extent that the practice of potlatch plays in Bataille's thinking.[11]

In conclusion, it becomes clear that the process of making architectural drawings embodies potential that is not immediately obvious. In the opportunity it affords for daydreaming, both the producer and the viewer can find a form of inner experience that can give access to a non-rational and potentially creative state, and, taken to a Bataillean extreme, challenge the hegemonic structures of knowledge and thought. For Huyghe, this move outside the capitalist system allows a reclaiming of 'the self', and has a social meaning. On the opposite side of this coin, such squandered time embodies a luxury of waste, whose essence can become currency within a cultural system. And finally, the step outside the flow of time provides room to take a wider perspective: to discern the wood from the trees.

9
Georges Bataille, *The Accursed Share: An Essay on General Economy* (New York: Zone Books, 1988), 21.

10
Botting and Wilson, *The Bataille Reader*, op. cit. (note 1), 170.

11
Bataille's understanding of the term potlatch is as expenditure offered with the goal of humiliating, defying and obligating a rival, who has to return a gift, or sacrifice of property, with interest, resulting in a situation where the spectacular destruction of wealth occurs. To read Bataille's description of potlatch, see: Botting and Wilson, *The Bataille Reader*, op. cit. (note 1), 172-174.

Verlies zonder profijt, de basis van de niet-productieve besteding, ligt ten grondslag aan Bataille's theorie over de economie. In zijn essay 'The Notion of Expenditure' definieert hij twee niveaus van consumptie – het minimum om het leven en de productieve activiteit van het individu in een bepaalde samenleving overeind te houden, en daarnaast de besteding die niet-productief is, onvoorwaardelijk en alleen rationeel in de engste zin van het woord – luxe, rouw, oorlog, spelletjes, kunst en 'grootse competitieve spektakels' die hij associeert met 'een overdadig proces van sociale classificatie'.[10] In Aitchison's tekening trekt de volmaakte techniek en de verspilling van brille, besteed aan een nutteloos spektakel als de tekening voor een *morning room*, de aandacht van de toeschouwer. In commercieel opzicht is deze tijdsbesteding niet productief. Als onderdeel van een reeks schitterende objecten leverde dit werk echter winst op in termen van maatschappelijke status en cultureel kapitaal, bijna zoals de praktijk van *potlatch* in Bataille's denken.[11]

Tot slot wordt duidelijk dat het proces van het maken van architectuurtekeningen een potentieel vertegenwoordigt dat niet direct duidelijk is. Het tekenen biedt een kans om te dagdromen en verschaft zowel de maker als de toeschouwer een vorm van innerlijke ervaring die toegang kan geven tot een niet-rationele en mogelijk creatieve staat en, in een Batailleaans uiterste geval, de heersende structuren van kennis en denken kan uitdagen. Voor Huyghe maakt deze stap buiten het kapitalistische systeem het mogelijk om 'het zelf' terug te winnen, en heeft die een sociale betekenis. Aan de andere kant van deze medaille geeft deze tijdverspilling de luxe van het overschot weer, waarvan de essentie zich kan ontwikkelen tot een waarde binnen een cultureel systeem. En uiteindelijk biedt de stap buiten de stroom van de tijd ruimte om een breder perspectief in te nemen: om door de bomen het bos te zien.

Vertaling: InOtherWords, Maria van Tol

10
Botting en Wilson, *The Bataille Reader*, op. cit. (noot 1),170.

11
Bataille legt de term *potlatch* uit als verspilling, bedoeld om een rivaal te vernederen, te trotseren en aan zich te verplichten. Deze moet immers met een tegengeschenk komen of eigendom opofferen, met rente, wat een situatie tot gevolg heeft waarin op spectaculaire wijze rijkdom wordt vernietigd. Zie voor Bataille's beschrijving van *potlatch*: Botting en Wilson, *The Bataille Reader*, op. cit. (note 1), 172-174.

Mariabruna Fabrizi

Through the Land of the Mind: Lina Bo Bardi's Drawing for a House in Sicily

***Casa sul mare di Sicilia* by architect Lina Bo Bardi in collaboration with Carlo Pagani is an unbuilt project that was published in *Domus* 152, in August 1940. A peculiar drawing places the house in the context of an imaginary landscape evocative of the island of Sicily. The drawing appears like an externalisation of the mental process of imagination, in which the images collected by the architect are effectively visualised through a specific arrangement, like isolated constructions in a landscape. Describing a mental landscape of surrealist memory, the drawing helps the architect to construct new associations of images and thus nurture a lifelong architectural imagination.**

Door het domein van de geest: Lina Bo Bardi's tekening voor een huis op Sicilië

Casa sul mare di Sicilia van architect Lina Bo Bardi in samenwerking met Carlo Pagani is een ongebouwd project, gepubliceerd in *Domus* 152, in augustus 1940. Een bijzondere tekening plaatst het huis in de context van een imaginair landschap dat doet denken aan het eiland Sicilië. De tekening lijkt een veruitwendiging van het mentale proces van de verbeelding, waarbij de door de architect verzamelde beelden worden gevisualiseerd in een specifieke compositie, als geïsoleerde constructies in een landschap. Door een mentaal landschap van een surrealistisch geheugen te omschrijven, helpt de tekening de ontwerper om nieuwe associaties tussen beelden te construeren, om zo een levenslange architectonische verbeelding levend te houden.

Bart Decroos

Perception through Drawing

This article examines the series of 14 plates published in John Ruskin's *The Seven Lamps of Architecture* (1849). These drawings are situated in the wider work of Ruskin by relating them to his writings as a drawing teacher, his architectural theories on the Gothic, and, most fundamentally, his critiques of modern society as a whole. In doing so, the drawings are understood not as mere illustrations, but as the embodiment of Ruskin's specific, Romanticist ideology. Following Ruskin, then, the essay argues that drawings are always more than mere neutral visualisations: they direct the way we perceive the world.

Waarneming door te tekenen

Dit artikel bestudeert de 14 platen die John Ruskin publiceerde in zijn *The Seven Lamps of Architecture* (1849). De tekeningen worden gesitueerd binnen het bredere oeuvre van Ruskin, door ze te relateren aan zijn lessen als tekenleraar, zijn architectuurtheorieën over de gotiek, en, het meest fundamenteel, zijn kritiek op de moderne maatschappij in het algemeen. De tekeningen verschijnen daarbij niet als louter illustraties, maar als de belichaming van Ruskin's specifieke, romantische ideologie. In navolging van Ruskin beargumenteert het essay dat tekeningen altijd meer zijn dan alleen neutrale visualisaties: ze sturen de manier waarop we de wereld waarnemen.

Aslı Çiçek

Calculated Aesthetics

From the beginning of 1990s, the work of Swiss architect Livio Vacchini was strongly driven by his ambition to make architecture through meticulously defined structural elements. The text argues, on the base of Losone Gymnasium's floor plan, that sober computer drawings made by his practice were used to represent and reach this objective.

Berekende esthetiek

Vanaf het begin van de jaren 1990 werd het werk van de Zwitserse architect Livio Vacchini sterk gedreven door zijn ambitie om architectuur te maken door middel van heel precies gedefinieerde bouwkundige elementen. De tekst betoogt, op basis van de plattegrond van de sporthal in Losone, dat sobere computertekeningen van zijn praktijk werden gebruikt om dit doel te representeren en te bereiken.

Jurjen Zeinstra

Rooms and Things: Heinrich Tessenow's Interior Perspectives

Through the comparison of four interior perspectives that Heinrich Tessenow created between 1903 and 1913, this essay develops four different notions to understand the work of Tessenow. These drawings of living rooms can be seen to move from a density of hatches and scribbles, evoking *Stimmung*, to the *Abstraktion* of plain outlines on a white surface. As such, his drawings seem to focus more and more on *Sachlichkeit*, until finally, there is a shift towards an evocation of anonymous traditions of making things, expressed as a timeless essence through their *Gewöhnlichkeit*.

De kamers en de dingen: Heinrich Tessenow's interieurperspectieven

Aan de hand van een vergelijking van vier interieurperspectieven die Heinrich Tessenow tussen 1903 en 1913 maakte,

ontwikkelt dit artikel vier verschillende begrippen om het werk van Tessenow te begrijpen. Deze tekeningen van woonkamers verschuiven van dichte arceringen en krabbels, daarbij een *Stimmung* oproepend, naar de *Abstraktion* van simpele contouren op een witte achtergrond. Zodoende richten zijn tekeningen zich steeds meer op *Sachlichkeit*, tot er ten slotte een verschuiving plaatsvindt naar het oproepen van anonieme tradities bij het maken van dingen, die met hun *Gewöhnlichkeit* een tijdloze essentie uitdrukken.

Francesco Marullo

Drawing Estrangement

Focusing on El Lissitzky's *Prouns* and Josef Albers's *Structural Constellations*, this article meditates on the estranging nature of the axonometry, considered not as a mere technique of representation but as a project of awareness and emancipation. Their reversible architectural compositions disentangle the observer from conventional mechanisms of vision, producing drawings for understanding more than seeing, questioning more than persuading, distancing more than passively consuming, within and against a society that transforms everything into an accumulation of spectacles.

Getekende vervreemding

Dit artikel richt zich op El Lissitzky's *Prouns* en Josef Albers' *Structural Constellations*, en reflecteert zodoende op de vervreemdende aard van de axonometrie, die niet alleen als een techniek van representatie wordt beschouwd, maar ook als een project van bewustwording en emancipatie. Hun omkeerbare architectonische composities ontkoppelen de toeschouwer van de conventionele manieren van kijken. Er worden tekeningen geproduceerd waarbij het eerder gaat over begrijpen dan zien, eerder over afvragen dan overtuigen, over distantiëren dan passief consumeren. En dit binnen de context van een samenleving die alles verandert tot een opeenstapeling van spektakel.

Véronique Patteeuw

Drawing Is Building

The pencil drawing of the interior of the church of St Peter in Klippan (1960-1963) testifies to the role of the drawing in the design process of Swedish architect Sigurd Lewerentz (1885-1975). The pencil strokes reveal a strong belief in the material nature and tactility of architecture.

Tekenen is bouwen

De potloodtekening van het interieur van de Sint-Pieterskerk in Klippan, Zweden (1960-1963) illustreert de rol van de tekening in het ontwerpproces van de Zweedse architect Sigurd Lewerentz (1885-1975). De tekening toont een bakstenen muur. De potloodlijnen getuigen van een geloof in de materialiteit en de tactiliteit van de architectuur.

Richard Hall

An Economy of Drawing

This essay speculates on the relationship between the mouse-drawings produced by Tony Fretton in the 1990s and early 2000s, the ideas they contain, and the buildings that resulted. It is concerned with the reciprocity between an economy of drawing and subsequent economy of architecture – and the capacity of that economy to be generous. The dialectic between limitation and progress in technique, and a specific attitude towards how much, and what, to draw, are explored in the context of the sociopolitical sensibilities behind Fretton's work, and their contribution to an open-ended-ness that aspires to make architecture available for the lives of others.

Een spaarzame manier van tekenen

De relatie tussen de 'muistekeningen' van Tony Fretton uit de jaren 90 en vroege jaren 2000, de ideeën die erachter schuilen, en de gebouwen die eruit voortkwamen, zijn onderwerp van dit essay. Het artikel onderzoekt de relatie tussen een spaarzaamheid in tekening en de resulterende spaarzaamheid in architectuur, en het vermogen van deze spaarzaamheid om genereus te zijn. De wisselwerking tussen beperking en vooruitgang in techniek, en een specifieke focus op hoeveel en wat te tekenen, wordt onderzocht in de context van de sociaal-politieke gevoeligheden achter het werk van Fretton. Deze gevoeligheden leiden bij Fretton tot een vorm van 'open einde', in een streven architectuur toegangelijk te maken voor de levens van anderen.

Leonidas Koutsoumpos

Practices of Sectioning: Ancient Greek Fragments

In this paper, a wider understanding is developed of the role that sections play in architectural design. It examines a drawing of the section of a theatre construction, found on the fragment of an ancient Greek vase. Koutsoumpos relates this drawing to the philosophical practice of 'sectioning', or 'cutting' that was developed during the classical period as a method of categorisation and definition. The paper calls us to rethink the practice of sectioning, from something that is the mere outcome of the design process, to a practice of sectioning as the design thinking that underlies this process. In this way the epistemological foundations through which we can know and understand the world are illuminated.

De doorsnede als praktijk: Oud-Griekse fragmenten

Met dit artikel wordt geprobeerd een breder begrip te ontwikkelen van de rol van doorsneden in het architectuurontwerp. Het artikel onderzoekt een tekening van een doorsnede van een theatergebouw, die werd aangetroffen op een fragment van een antieke Griekse vaas. Koutsoumpos brengt deze tekening in verband met de filosofische praktijk van het 'snijden' of 'ontleden', die in de klassieke periode werd ontwikkeld als een methode om te categoriseren en te definiëren. De tekst roept ons op om de praktijk van de doorsnede opnieuw te overdenken: vanaf de doorsnede louter als resultaat van een ontwerpproces tot aan een praktijk van de doorsnede als basis voor ontwerpend denken binnen dit proces. Al doende worden de kennistheoretische grondslagen belicht waardoor we de wereld kunnen kennen en begrijpen.

Jantje Engels

The Sheet for the Job

James Gowan's drawing 'Elevation on trance' shows the Engineering Faculty (1957-1963), designed by Gowan and James Stirling, in an abstract way. The text suggests that the means used to design a building – in this case the graph paper as a base – can substantially influence the final result.

Het blad voor de klus

De tekening 'Opstand op calqueerpapier' van James Gowan toont op abstracte wijze het Engineering Building (1957-1963) van de universiteit van Leicester naar ontwerp van Gowan en James Stirling. De tekst suggereert dat het inzetten van middelen om een ontwerp te maken – in dit geval het ruitjespapier als onderlegger – het uiteindelijke gebouw wezenlijk kan beïnvloeden.

Gregorio Astengo

Mechanising Parallel Lines

The architectural implications of instruments applied to parallel drawing have been largely overlooked. Whereas the history of perspectival representation has often been accompanied by its mechanisation (think, for instance, of Leonardo, Dürer and Scheiner), a similar trajectory cannot be traced for what we now call orthographic projection. By examining a few rare cases of early machines to assist drawing 'from life' with parallel lines, this essay traces the potentials of early forms of automation as ways to uncover the often intuitive yet unfamiliar realms of parallel drawing through practices of mechanisation.

De mechanisering van het parallelle tekenen

De gevolgen voor de architectuur van de instrumenten voor het maken van parallelle tekeningen zijn vrijwel onopgemerkt gebleven. Terwijl de geschiedenis van de perspectivische representatie vaak gepaard ging met de mechanisatie ervan (denk aan Leonardo, Dürer en Scheiner) is een zelfde soort traject niet te traceren voor wat we vandaag orthografische projectie noemen. Aan de hand van enkele zeldzame vroege voorbeelden van machines die werden ingezet bij het 'tekenen naar het leven' via parallelle projectie, traceert dit artikel de mogelijkheden van deze vroege vormen van automatisering om de vaak intuïtieve, maar onbekende dimensies van het parallelle tekenen via mechanisatie bloot te leggen.

Merlijn Hurx

Inventing the 'Standard View': The Introduction of Floor Plan and Elevation in the Low Countries in the Sixteenth Century

This essay focuses on the development of combined orthogonal projections in the Low Countries during the sixteenth century. It demonstrates how this type of drawing was not exclusive to the Italian artist-architects of the Renaissance, as is often assumed. Instead, the paper shows how the systematic combination of plan and elevation was also developed in the hands of master masons as a result of a changing construction industry, both in its transition from Gothic architecture to engineering and civil engineering constructions and because of the need for a better means of communication practice.

De uitvinding van de standaardprojectie: De introductie van plattegrond en opstand in de Lage Landen in de zestiende eeuw

Dit essay bespreekt de ontwikkeling van gecombineerde orthogonale projecties in de Lage Landen tijdens de zestiende eeuw. Het demonstreert hoe dit type tekening niet was voorbehouden aan de Italiaanse kunstenaar-architecten van de Renaissance, zoals vaak wordt aangenomen. De systematische combinatie van plan en opstand ontwikkelde zich immers ook in de handen van meestermetselaars als gevolg van een veranderende bouwindustrie, zowel in de overgang van gotische architectuur naar ingenieurs- en civieltechnische constructies als vanuit een behoefte aan betere communicatiemiddelen in de praktijk.

Bart Decroos

A Construction of Time

While the work of John Hejduk has often been celebrated in line with the autonomous work of his contemporaries, Hejduk's projects offer an explicit relational approach to architecture. The sketches for his *Victims* project in 1984 demonstrate a narrative approach to architectural constructions, in which design drawings are accompanied by character descriptions and a fictional construction diary. They show that architecture is not a singular object but an ongoing process between its various actors.

Een constructie van tijd

Ondanks dat het werk van John Hejduk vaak wordt begrepen in lijn met het autonome werk van zijn tijdgenoten, bieden Hejduk's projecten echter een expliciet relationele benadering van de architectuur. De schetsen voor zijn project *Victims* in 1984 ontwikkelen een verhalende benadering van architectonische bouwwerken, waarbij ontwerptekeningen vergezeld gaan van karakterbeschrijvingen en een fictief bouwdagboek. Deze elementen tonen dat architectuur geen enkelvoudig object is, maar een voortdurend proces tussen haar verschillende actoren.

Helen Thomas

The Promise of the Flat Field: A Reflection on Non-productive Expenditure

Making an architectural drawing takes time, which, due to the dense relation between communication and the duration spent and wages paid, can usually be considered highly productive – time well spent. This essay takes as its subject a drawing by Victorian architect George Aitchison, a highly-worked but simple room elevation, to investigate where the limits of profitable productiveness might lie, and to consider why these limits might be transgressed. Using Georges Bataille's concepts of unproductive expenditure and inner experience alongside reflection on Pierre Huyghe's evoking of Freed Time, the discussion considers alternative purposes for the time spent in the production and contemplation of architectural drawings.

De belofte van het platte vlak: Een reflectie op niet-productieve tijdsbesteding

Het maken van een architectuurtekening kost tijd, die, vanwege de nauwe relatie tussen communicatie, de gevraagde tijdsduur en de betaalde lonen, in het algemeen als zeer productief kan worden beschouwd – de tijd is goed besteed. Dit essay neemt als onderwerp een tekening van de Victoriaanse architect George Aitchison – een gedetailleerde, overigens eenvoudige opstand van een kamer – om te onderzoeken waar de grenzen van de winstgevende productiviteit liggen en waarom deze grenzen overschreden zouden worden. Daarbij worden Georges Bataille's ideeën van de onproductieve tijdsbesteding en innerlijke ervaring ingezet, samen met een reflectie op Pierre Huyghe's opvattingen over *Freed Time* (bevrijde tijd), om alternatieve doelen te schetsen voor de tijd die wordt besteed aan de productie en contemplatie van architectuurtekeningen.

Biographies/ Biografieën

Gregorio Astengo **is an Italian architect and historian. He holds an MA from the Politecnico di Torino and a PhD in Architectural History and Theory from the Bartlett School of Architecture, University College London/UCL. Astengo is currently a research assistant at the ETH Zurich, adjunct professor at Syracuse University London and lecturer at the New College of the Humanities. He has taught and lectured at UCL, Politecnico di Torino, Queen Mary University of London, Central St Martins, University of Westminster and Cardiff University.**

Gregorio Astengo is een Italiaanse architect en historicus. Hij behaalde zijn masterdiploma aan de Politecnico Turijn en behaalde een doctoraat in de architectuurgeschiedenis en -theorie aan de Bartlett School of Architecture, University College London/UCL. Astengo is momenteel onderzoeksassistent aan ETH Zürich, adjunct-hoogleraar aan Syracuse University in Londen en docent aan het New College of the Humanities, Londen. Hij gaf ook les aan UCL, Polictecnico Turijn, Queen Mary Universiteit van Londen, Central St Martins, Universiteit van Westminster en Cardiff Universiteit.

Aslı Çiçek **is an architect and writer based in Brussels. She graduated from the Academy of Fine Arts in Munich. In 2005 she settled in Belgium where she worked as project architect at Gigantes Zenghelis Architects and Robbrecht en Daem architecten. As guest professor she runs the Narrative Space Master graduation studio at the Faculty of Architecture of the KU Leuven, Campus St Lucas Brussels. She regularly contributes to European and Turkish architecture magazines, was the co-editor of the 11th *Flemish Architectural Review* and has been on the editorial board of *OASE* since 2017. In 2015 she founded her practice, with a focus on exhibition architecture.**

Aslı Çiçek is architect en auteur gevestigd in Brussel Ze studeerde af aan de Academie voor Schone Kunsten in München. In 2005 vestigde ze zich in België waar ze als projectarchitect werkte bij Gigantes Zenghelis Architects en Robbrecht en Daem architecten. Als gasthoogleraar leidt ze de masterstudio Narrative Space aan de faculteit Architectuur van de KU Leuven, Campus St Lucas Brussel. Ze schrijft regelmatig voor Europese en Turkse architectuurtijdschriften, was redactielid van het 11e *Architectuurboek Vlaanderen* en is sinds 2017 redacteur van *OASE*. In 2015 richtte ze haar eigen praktijk op met een focus op tentoonstellingsarchitectuur.

Bart Decroos **is an architect, researcher and editor based in Antwerp. He is currently a PhD candidate (fellowship of the Research Foundation Flanders FWO) at the University of Antwerp. He is a member of the editorial board of *OASE Journal for Architecture* and writes for various architecture magazines.**

Bart Decroos is architect, onderzoeker en redacteur gevestigd in Antwerpen. Hij is momenteel bezig met een promotieonderzoek (aspirant-onderzoeker van het FWO) aan de Henry van de Velde onderzoeksgroep van de Universiteit Antwerpen. Hij is redactielid van *OASE Journal for Architecture* en schrijft voor verschillende architectuurtijdschriften.

Jantje Engels **was born in Bremen. She studied architecture at Delft University of Technology and the Technical University of Berlin. She works as an architect in Gent, where she founded the office Veldwerk architecten, together with Marius Grootveld, in 2016. She has copublished several books, curated and designed exhibitions on architecture, and taught at the University of Antwerp. She works at the office De Smet Vermeulen architecten and is amember of the editorial board of the *OASE*.**

Jantje Engels werd geboren in Bremen. Ze studeerde architectuur aan de TU Delft en aan de TU Berlijn. Ze werkt als architect in Gent, waar ze samen met Marius Grootveld het bureau Veldwerk architecten oprichtte in 2016. Ze publiceerde boeken, cureerde tentoonstellingen over architectuur en doceerde aan de Universiteit van Antwerpen. Ze werkt voor De Smet Vermeulen architecten en is redactielid van *OASE*.

Mariabruna Fabrizi **is an architect currently based in Paris, where she founded the architectural practice Microcities together with Fosco Lucarelli. She conducts independent architectural research through the website SOCKS (socks-studio.com) and teaches architectural representation at the Éav&t, Marne La Vallée, Paris Est. She's a member of the research laboratory OCS-UMR AUSser. Together with Fosco Lucarelli she curated the content of 'The Form of Form', an exhibition at the 2016 Lisbon Triennale and the exhibition 'Inner Space' on the construction of architectural imagination, at the 2019 Lisbon Triennale.**

Mariabruna Fabrizi is als architect gevestigd in Parijs waar ze met Fosco Lucarelli de architectuurpraktijk Microcities heeft opgericht. Ze leidt onafhankelijk architectuuronderzoek via de website SOCKS (socks-studio.com) en geeft les over architectuurrepresentatie aan Éav&t, Marne La Vallée, Paris Est. Fabrizi is lid van de onderzoeksgroep OCS-UMR AUSser. Samen met Fosco Lucarelli was ze de curator van de tentoonstellingen 'The Form of Form' (Lissabon Triënnale, 2016) en 'Inner Space' (Lissabon Triënnale, 2019), een tentoonstelling over architecturale verbeelding.

Richard Hall **is a senior associate at East architecture, landscape, urban design in London, where he has practiced since 2008. His work encompasses a breadth of design projects and research activities concerned with architecture and urban space. He has taught at London Metropolitan University/Cass, lectured and led workshops at the Umeå School of Architecture in Sweden and Escola da Cidade in São Paulo, and is an external assessor at the Welsh School of Architecture in Cardiff. He was educated at the Leicester School of Architecture, London Metropolitan University and the AA, and previously worked at OMA.**

Richard Hall is een senior partner bij East architecture, landscape, urban design in Londen, waar hij werkt sinds 2008. Zijn werk omvat een breed veld van ontwerpen en onderzoeksactiviteiten op het vlak van architectuur en stedelijke ruimte. Hij gaf les aan London Metropolitan University/Cass, leidde workshops aan de Umeå School of Architecture in Zweden en de Escola da Cidade in São Paulo. Hall is een externe begeleider aan de Welsh School of Architecture in Cardiff. Hij is opgeleid aan de Leicester School of Architecture, de Londen Metropolitan University en de Architectural Association. Ook werkte hij bij OMA.

Merlijn Hurx **is lecturer in art history at Utrecht University. His PhD thesis *Architect en aannemer* (Delft University of Technology, 2012) was awarded in 2016 with the Karel van Mander prize for the best architecture historian publication in the Netherlands for the period 2011-2015. In 2018, his book *Architecture as Profession: The Origins of Architectural Practice in the Low Countries in the Fifteenth Century* was published. He was awarded with a Veni research grant by NWO for his project 'Architects and bureaucrats' in 2013, and was Secretary of the European Architectural Historian Network (EAHN) from 2013 to 2017.**

Merlijn Hurx is docent kunstgeschiedenis aan de Universiteit Utrecht. Zijn proefschrift *Architect en aannemer* (TU Delft, 2012) werd in 2016 bekroond met de Karel van Manderprijs voor de beste architectuurhistorische publicatie in Nederland voor de periode 2011-2015. In 2018 verscheen bij Brebols Uitgeverij zijn boek *Architecture as profession: The Origins of Architectural Practice in the Low Countries in the Fifteenth Century*. Hij ontving in 2013 een Veni-NWO onderzoeksbeurs voor zijn project 'Architects and bureaucrats'; van2013 tot 2017 was hij

secretaris van het European Architectural Historian Network (EAHN).

Leonidas Koutsoumpos **is assistant professor of Theory in Architectural Design at the School of Architecture of the National Technical University of Athens, Greece. His research has been exploring design processes and practices through philosophical and ethnomethodological studies. He is also a practicing architect.**

Leonidas Koutsoumpos is docent in de theorie van het architectuurontwerp aan de architectuurschool van de Nationale Technische Universiteit van Athene. Hij onderzoekt ontwerpprocessen en ontwerppraktijken aan de hand van filosofische en ethnomethodologische invalshoeken. Hij is ook praktiserend architect.

Francesco Marullo **is an architect and educator, investigating the relationships between space, labour and production. He holds a PhD in History and Theory of Architecture from Delft University of Technology, and currently teaches at the University of Illinois in Chicago. He coedited *The Architecture of Logistics* (2018), co-authored *Tehran: Life within Walls* (2018) and contributed to the recent volumes *Work, Body, Leisure* (2018) and *Aesthetics and Poetics of Logistics* (2019). His work has been featured in various architecture exhibitions, including the last Lisbon Triennale 2019 with the collective installation *A Certain Kind of Life* and the exhibition 'Deserts'.**

Francesco Marullo is architect en docent. Hij onderzoekt de relaties tussen ruimte, arbeid en productie. Hij heeft een doctoraat in de architectuurgeschiedenis en -theorie van de TU Delft en geeft momenteel les aan de University of Illinois in Chicago. Marullo was co-redacteur van *The Architecture of Logistics* (2018), co-auteur van *Tehran: Life within Walls* (2018), leverde bijdragen aan de uitgaven *Work, Body, Leisure* (2018) en *Aesthetics and Poetics of Logistics* (2019). Zijn werk werd geëxposeerd op verschillende architectuurtentoonstellingen zoals de Lissabon Triënnale (2019), met de collectieve installatie *A Certain Kind of Life*, en de tentoonstelling 'Deserts'.

Helen Thomas **is an architect, writer and editor based in London and Zurich. She received a PhD from the University of Essex in 2002. For four years, she was Learning and Interpretation curator for the V&A+RIBA Architecture Collections at the Victoria & Albert Museum, and since 2015 her interest in architectural drawing has deepened in collaboration with Drawing Matter. Her recent publications include *Architecture Through Drawing* (2019), *Hopkins in the City* (2019) *Drawing Architecture* (2018) *Rudolf Schwarz and the Monumental Order of Things* (2016).**

Helen Thomas is architect, auteur en redacteur, gevestigd in Londen en Zürich. Ze promoveerde aan de Universiteit van Essex in 2002. Vier jaar lang was ze curator voor de V&A+RIBA Architectuur Collecties aan het Victoria & Albert Museum. Sinds 2015 verdiept ze zich in de architectuurtekening, in samenwerking met Drawing Matter. Haar meest recente publicaties zijn *Architecture Through Drawing* (2019), *Hopkins in the City* (2019), *Drawing Architecture* (2018) en *Rudolf Schwarz and the Monumental Order of Things* (2016).

Jurjen Zeinstra **studied architecture at Delft University of Technology, Faculty of Architecture and the Hochschule für Bildende Künste Berlin. With Mikel van Gelderen he founded Zeinstra van Gelderen architecten, which has realised projects on various scales. He works at Delft University of Technology as acting associate professor of the Chair 'Interiors Buildings Cities' and writes for various magazines and websites. Currently, he is preparing a PhD on Heinrich Tessenow's perspective drawings.**

Jurjen Zeinstra studeerde aan de faculteit architectuur van de TU Delft en de Hogeschool voor Beeldende Kunsten Berlijn. Met Mikel van Gelderen richtte hij Zeinstra van Gelderen architecten op, een bureau dat projecten op verschillende schaalniveaus realiseert. Hij is hoofddocent aan de afdeling 'Interiors Buildings Cities' aan de TU Delft, en schrijft voor verschillende tijdschriften en websites. Momenteel bereidt hij een proefschrift voor over de perspectieftekeningen van Heinrich Tessenow.

Véronique Patteeuw **(PhD) is an associate professor at the Ecole Nationale Supérieure d'Architecture et du Paysage Lille and visiting professor at the KU Leuven. Her research focuses on the theory and history of postmodern architecture. Together with Léa-Catherine Szacka she published the book *Mediating Messages* (2017). She is the academic editor of *OASE*.**

Véronique Patteeuw (PhD) is docent aan de École Nationale Supérieure d'Architecture et du Paysage Lille en gastdocent aan de KU Leuven. Haar onderzoek focust op de theorie en geschiedenis van de postmoderne architectuur. Ze publiceerde samen met Léa-Catherine Szacka het boek *Mediating Messages* (2017). Ze is de academisch redacteur van *OASE*.

Credits/ Colofon

Independent Peer-Reviewed Journal for Architecture, published by the OASE Foundation/Onafhankelijk Peer-Reviewed architectuurtijdschrift, uitgegeven door de stichting OASE

OASE is made possible with the support of the Creative Industries Fund NL and the associated universities and institutions.

OASE wordt mede mogelijk gemaakt met de steun van het Stimuleringsfonds Creatieve Industrie en de geassocieerde universiteiten en instellingen.

creative industries fund NL

stimuleringsfonds creatieve industrie

OASE foundation/ stichting
p/a Sandra Mellaart
Baljuwplein 70
3033 XD Rotterdam
the Netherlands
info@oasejournal.nl
www.oasejournal.nl

ISSN 0169-6238
ISBN 978-94-6208-554-1

OASE 105 is also available as e-book (pdf)
ISBN 978-94-6208-563-3

OASE editorial board/ redactie
p/a D'Laine Camp
Prins Frederik Hendrikstraat 107
3051 ER Rotterdam
the Netherlands

Editors/ Redactie
Justin Agyin, Tom Avermaete, Aslı Çiçek, Bart Decroos, Kornelia Dimitrova, Jantje Engels, Christoph Grafe, Maarten Liefooghe, Sereh Mandias, Bruno Notteboom, Véronique Patteeuw, David Peleman, Elsbeth Ronner, Hans Teerds, Christophe Van Gerrewey

Editors of this issue/ Kernredactie
Aslı Çiçek, Bart Decroos, Jantje Engels, Véronique Patteeuw

Managing editor/ Redactiesecretaris
D'Laine Camp

Academic editor/ Wetenschappelijk redacteur
Véronique Patteeuw

Members of the Board/ Bestuursleden
Bart Decroos, Dirk De Meyer, Jeroen Geurst, Fransje Hooimeijer, Claudia Linders, Bruno Notteboom, Frits Palmboom, Véronique Patteeuw, Christian Rapp, Bart Reuser, Saskia van Stein, Paul Vermeulen

Associated Universities and Institutions/Geassocieerde universiteiten en instellingen
Technische Universiteit Delft
Technische Universiteit Eindhoven
Academie van Bouwkunst Amsterdam
Rotterdamse Academie van Bouwkunst
ArtEZ Academie van Bouwkunst Tilburg
Academie van Bouwkunst Groningen
Maastricht Academy of Architecture
Katholieke Universiteit Leuven campus Leuven
Katholieke Universiteit Leuven campus Brussel
Katholieke Universiteit Leuven campus Gent
Universiteit Gent
Universiteit Hasselt
Universiteit Antwerpen
Bergische Universität Wuppertal

Academic Board/ Wetenschappelijk comité
Christine Boyer, Adri van den Brink, Maristella Casciato, Bernard Colenbrander, Oswald Devisch, Adrian Forty, Marc Glaudemans, Klaske Havik, Rajesh Heynickx, Michael Müller, Kris Scheerlinck, Lara Schrijver, Arjan van Timmeren, Pieter Uyttenhove

Design/ Vormgeving
Karel Martens & Aagje Martens

Copy editing/ Tekstredactie
D'Laine Camp, Gerda ten Cate

Printing/ Druk
Wilco Art Books

Paper/ Papier
90 gr Schleipen 2.0 extra weiss
200 grs Muncken polar

Font/ Lettertype
Jungka

Publisher/ Uitgever
OASE foundation/stichting

Distribution
nai010 publishers/ uitgevers
sales@nai010.com
www.nai010.com

Photo credits/ Fotografie
p. 1, 101
Johannes Lencker, Perspectiva, 1571)
p. 2, 42
John Ruskin, The Seven Lamps of Architecture, 1849
p. 3, 52
Gerda Wangerin, Gerhard Weiss, Heinrich Tessenow, 1976, 264
p. 4, 5, 65, 67, 68, 69
Van Abbemuseum
p. 6-7, 28
Instituto Bo Bardi
p. 8-9, 115, 117
Oud Archief van Rijnland, Leiden, Collectie Kaarten, A567, A568, A601
p. 10-11, 126
Drawing Matter RIBA Collection
p. 12, 79, 80, 82, 83
Tony Fretton
p. 41, John Ruskin, The Elements of Drawing, 1857
p. 46
Studio Vacchini
p. 51
Marco de Michelis, Heinrich Tessenow 1876-1950, 1991, 43
p. 54
Marco de Michelis, Heinrich Tessenow 1876-1950, 1991, 69, 228
p. 60
Metropolitan Museum of Art
p. 61
Josef & Anni Albers Foundation
p. 63
Metropolitan Museum of Art
p. 64
El Lissitzky, diagram uit/from 'A. and Pangeometry', in: Sophie Lissitzky-Küppers, El Lissitzky: Life. Letters. Text, 1968, 349
p. 69
Beinecke Rare Book & Manuscript Library. Digital Collections
p. 72-73
ARKdes
p. 89
National Archaeological Museum, Athens, inv. 15499. Copyright Hellenic Ministry of Culture, Education and Religious Affairs / Archaeological Receipts Fund
p. 97
Drawing Matter Collections (online)
p. 103
Philosophical Transactions of the Royal Society 8, n. 96 (1673)
p. 104
Bibliothèque Nationale de France, manuscript, circa 1785. BnF, Estampes, Dc 65b
p. 109
Universiteitsbibliotheek Gent
p. 111
Londen, British Museum, 1924, 0617.5 111
p. 112, 113, 114
Rijksarchief Brussel
p. 120, 142-143
Canadian Center for Architecture

Subscriptions and administration/
Abonnementenadministratie
Abonnementenland
De Trompet 1739
1967 DB Heemskerk
the Netherlands
Tel +31 (0)251 - 257924
www.aboland.nl

Subscriptions/ Abonnementen
OASE is published three times a year. Subscriptions can be taken out via the website of Abonnementenland, see www.aboland.nl. OASE can be found under the 'Art & Culture' category. Students at universities and academies of architecture as well as holders of a CJP are entitled to a reduction in the costs of the subscription. For the terms and conditions of the OASE subscription, please consult the website of Abonnementenland.

OASE verschijnt drie keer per jaar. Abonnementen kunnen afgesloten worden via de website van Abonnementenland, zie www.aboland.nl. OASE is te vinden onder de categorie 'Kunst & Cultuur'. Recht op reductie op de abonnementskosten hebben studenten aan universiteiten en academies van bouwkunst, alsmede houders van CJP. Voor de voorwaarden van het OASE-abonnement verwijzen wij u naar de website van Abonnementenland.

Subscriptions for three issues in Europe/ Abonnementsprijs voor drie nummers in Europa

individuals/ particulieren	€ 65,–
organisations/ instellingen	€ 85,–
students/ studenten	€ 50,–

Abonnementsprijs voor drie nummers in Nederland en België

particulieren	€ 55,–
instellingen	€ 80,–
studenten	€ 40,–

Subscriptions for three issues outside Europe/ Abonnementsprijs voor drie nummers buiten Europa
Individuals/ particulieren, **organisations/** instellingen, **students/** studenten
€ 95,–

Books distributed by nai010 are available internationally at selected bookstores and from the following distribution partners:

North, South and Central America – Artbook | D.A.P., New York, USA, dap@dapinc.com

Rest of the world – Idea Books, Amsterdam, the Netherlands, idea@ideabooks.nl

For general questions, please contact the OASE foundation directly at info@oasejournal.nl or visit our website www.oasejournal.nl for further information. For sales information and availability for bookshops, please contact nai010 at sales@nai010.com or visit www.nai010.com

Voor informatie over verkoop en distributie in Nederland en België, stuur een e-mail naar sales@nai010.com of kijk op www.nai010.com.

Printed and bound in the EU

Backlist — To order back issues of OASE, please visit our website: www.oasejournal.nl /
U kunt eerder verschenen nummers van OASE bestellen via onze website: www.oasejournal.nl

OASE 104 The Urban Household of Metabolism/ Het stedelijke huishouden van het metabolisme
OASE 103 Critical Regionalism Revisited
OASE 102 Schools & Teachers. The Education of an Architect in Europe/ Scholen & docenten. De opleiding tot architect in Europa
OASE 101 Microcosm. Searching for the City in Its Interiors/ Microkosmos. Een zoektocht naar de stad in haar interieurs
OASE 100 Karel Martens and the Architecture of the Journal/ Karel Martens en de architectuur van het tijdschrift
OASE 99 The Architecture Museum Effect/ De effecten van architectuurmusea
OASE 98 Narrating Urban Landscapes/ Verhalend stedelijk landschap
OASE 97 Action and Reaction in Architecture/ Actie en reactie in architectuur
~~OASE 96 Social Poetics. The Architecture of Use and Appropriation/ Sociale Poëtica. De architectuur van gebruik en toe-eigening~~
OASE 95 Crossing Boundaries. Transcultural Practices in Architecture and Urbanism/
Grenzenloos. Transculturele praktijken in architectuur en stedenbouw
OASE 94 OMA. The First Decade/ OMA. De eerste tien jaar
~~OASE 93 Making Landscape Public. Making Public Landscape/ Landschap publiek maken. Publiek landschap maken~~
~~OASE 92 Codes and Continuities/ Codes en continuïteiten~~
OASE 91 Building Atmosphere/ Sfeer bouwen, met/with Juhani Pallasmaa & Peter Zumthor
~~OASE 90 What is Good Architecture/ Wat is goede architectuur?~~
~~OASE 89 Medium. The Mid-Size City as a European Urban Condition and Strategy/~~
~~De middelgrote stad als Europese stedelijke conditie en strategie~~
~~OASE 88 Exhibitions. Showing and Producing Architecture/ Tentoonstellingen. Architectuur tonen en produceren~~
OASE 87 Alan Colquhoun Architect, Historian, Critic/ Architect, Historicus, Criticus
OASE 86 Baroque/ Barok
OASE 85 Productive Uncertainty/ Productieve onzekerheid
OASE 84 Models/ Maquettes
OASE 83 Commissioning Architecture/ Opdrachtgevers in de architectuur
OASE 82 L'Afrique, c'est chic. Architecture and planning in Africa 1950-1970/ Architectuur en planning in Afrika 1950-1970
~~OASE 81 Constructing Criticism/ Kritiek in opbouw~~
OASE 80 On Territories/ Over territoria
~~OASE 79 The Architecture of James Stirling, 1964-1992/ De architectuur van James Sterling, 1964-1992~~
~~OASE 78 Immersed. Sound and Architecture/ Architectuur en geluid~~
OASE 77 Into the Open. Accommodating the Public/ Publieke plaatsen
OASE 76 Context/ Specificity
OASE 75 25 Years of Critical Reflection on Architecture
~~OASE 74 Invention/ Inventie~~
OASE 73 Gentrification. Flows and Counter-Flows/ Stromen en tegenstromen
OASE 72 Back to School/ Terug naar school
~~OASE 71 Urban Formation & Collective Spaces/ Stedelijke formatie & collectieve ruimten~~
~~OASE 70 Architecture & Literature/ Architectuur & Literatuur~~
OASE 69 Positions/ Posities
OASE 68 Home-Land/ Thuis-Land
OASE 67 After the Party: Nederlandse architectuur 2005/ Dutch Architecture 2005
OASE 66 Virtually Here: Ruimte in cyberfictie/ Space in Cyberfiction
~~OASE 65 Ornament~~
~~OASE 64 Landscape and Mass Tourism/ Landschap en massatoerisme~~
OASE 63 Countryside/ Platteland
OASE 62 Autonomous Architecture and the Project of the City/ Autonome architectuur en het stedelijk project
OASE 61 Suburbia and Social Democracy/ Neoliberalisme in de buitenwijk
OASE 60 Urbanism Out-of-Town/ Het land in de stad
~~OASE 59 Scratching the Surface/ Nagel op de huid~~
~~OASE 58 The Visible and the Invisible/ Het Zichtbare en het onzichtbare~~
OASE 57 1970's Revisited/ 1970s Revisited
OASE 56 Domestic Nature/ Huiselijke natuur
~~OASE 55 Home and Garden/ Huis en tuin~~
~~OASE 54 Re: Generic City/ Re: Generieke stad~~
OASE 53 Network Urbanism/ Netwerk stedebouw
OASE 52 Consumption and Territory/ Consumptie en territorium
OASE 51 Rearrangements, A Smithsons Celebration
OASE 49/50 Convention/ Conventie
~~OASE 48 Diagrams/ Diagrammen~~
~~OASE 47 Dressing/ Bekleding~~
~~OASE 45/46 Essential Architecture/ Essentiële architectuur~~
OASE 44 Venetiaanse Perspectieven
~~OASE 43 Zwischenraumgespenster~~
~~OASE 42 Over stijl~~
~~OASE 41 Het wereldontwerp~~
~~OASE 40 Poiésis en architectuur~~
~~OASE 39 Materialiteit en fysieke ervaring~~
~~OASE 37/38 Massa en woningbouw~~
~~OASE 36 De architectuurtekening~~
OASE 35 Havenfronten
OASE 34 Het interieur
~~OASE 33 De transformatie van de metropool~~
~~OASE 32 Architectuur en stedebouw in de jaren zestig~~
~~OASE 31 De tektoniek van de opstand & Het Bonnefantenmuseum~~
~~OASE 30 Sprekende architectuur II~~
~~OASE 29 Sprekende architectuur I~~
~~OASE 28 Snelheid en zwaarte~~

OASE 28-44 appeared in Dutch only
OASE 1-33, 36-43, 45-48, 54, 55, 58, 59, 64, 65, 70, 71, 74, 78, 79, 81, 88-90, 92, 93 and 96 are no longer available/ zijn niet langer leverbaar
OASE 1-101 are digitally available on www.oasejournal.nl, OASE 102-104 are available as e-book at nai010.com/
OASE 1-101 zijn digitaal te raadplegen via www.oasejournal.nl, OASE 102-104 zijn als e-book verkrijgbaar via nai010.com

Sponsors

atelier Quadrat, Rotterdamatelier | Stadsbouwmeester Antwerpen | AWG Architecten, Antwerpen | DaF architecten, Rotterdam | De Nijl Architecten, Rotterdam | De Smet Vermeulen architecten, Gent | Diederendirrix architecten, Eindhoven | FEDDES/Olthof, Utrecht | Geurst & Schulze architecten, Den Haag | Humblé Martens, Maastricht | MUST Stedebouw bv, Amsterdam - Köln | Neutelings Riedijk Architecten, Rotterdam | Next Architects, Amsterdam - China | Office Winhov, Amsterdam | PALMBOUT - Urban Landscapes bv, Rotterdam | Powerhouse Company, Rotterdam | Rapp+Rapp BV, Amsterdam | Rijnboutt, Amsterdam | Wim van den Bergh Architect, Maastricht